I0411226

immagine di copertina generata con intelligenza artificiale

ACCADEMIA DI BELLE ARTI DI URBINO
Dipartimento di Progettazione e Arti applicate

Scuola di Visual e Motion Design
DIPLOMA ACCADEMICO DI SECONDO LIVELLO
VISUAL E MOTION DESIGN

Tesi di diploma
di

Linguaggi multimediali

La visione esperienziale della realtà virtuale

relatore	allievo
Prof. Igor Imhoff	Giada Gaia Trudu

anno accademico 2022/2023
sessione autunnale

Giada Gaia Trudu
La visione esperienziale della realtà virtuale
Relatore Igor Imhoff

INDICE

Giada Gaia Trudu
La visione esperienziale della realtà virtuale
Relatore Igor Imhoff

Introduzione

Ogni giorno, parlare di realtà virtuale diventa sempre più insidioso. C'è chi definisce le piattaforme e i mezzi ancora troppo rudimentali. Chi non crede che questo possa essere il futuro. Chi la considera - con una teoria del complotto - la soluzione per non farci più uscire di casa, per costringerci a connetterci ad una macchina e lavorare così. Eppure, ogni volta che sperimento la realtà virtuale, entrando in uno di quegli spazi difficilmente raggiungibili per mancanza di tempo, di finanze o competenze nella realtà, mi viene la pelle d'oca. È emozionante stare in una cabina di pilotaggio di un aereo di linea con il comandante, o fare le piroette a bordo di un velivolo militare. Ancora più impressionante salire sulla ISS ed osservare il mondo da lontano, con la comodità di non dover urinare dentro un sacchetto. Posso dire di essere stata a New York, a Mosca, a Parigi senza aver speso un euro e avere avuto la stessa sensazione di magnificenza architettonica di chi è realmente stato lì, davanti alle costruzioni che caratterizzano questi luoghi. Posso dire di aver partecipato ad uno spettacolo teatrale nel ruolo attivo di attore, senza aver imparato a memoria una parte, o di essermi trasformata in una pianta. La realtà virtuale non è una mera simulazione, per quanto possa sembrare tale, ma è esattamente ciò che normalmente non potremmo raggiungere. È un desiderio, un modo di conoscere nuovi mondi. Se la volessimo rappresentare geometricamente e secondo le caratteristiche fisiche, possiamo immaginarla come una retta sovrapposta alla nostra linea del tempo e dello spazio che ha inizio in un punto ben preciso e che si innesta con la nostra realtà. Mentre mentalmente, o meglio, dal punto di vista dell'esperienza, è sempre presente un punto di innesto ma la dimensione spaziale si sposta in quanto questa viene distinta dalla visione spaziale reale, muovendosi parallelamente con questa ma visivamente non sovrapponendosi.

Così, il mondo virtuale per come lo conosciamo noi, ha bisogno di un mondo biologico per vivere poiché senza questo non avrebbe la possibilità di esistere, perché è grazie a questo che, creando una sorta di scambio di desideri ed emozioni, riesce ad offrire un interessante spazio esperienziale all'utente. Poiché esperienza deriva dal latino experientia, conoscenza diretta, personalmente acquisita con l'osservazione[1], si deduce dalla sua etimologia la rilevante storica del termine.

Importante è il concetto di Platone della conoscenza che suddivide in due generi: una conoscenza sensibile, acquisibile attraverso i sensi e che si riferisce al mondo del divenire, ed una conoscenza intelligibile che determina le idee, considerati gli elementi immutabili e certi del mondo. È consapevole di non poter trovare nell'esperienza ciò che definisce l'essenza delle cose poiché l'esperienza non è insita ma soggettiva. Da questo breve ripasso filosofico, si può dedurre come già nell'Atene classica del 300 a.C. ci si riferisca all'esperienza come un qualcosa di incerto e da ricercare in un mondo con dei punti fissi determinati dalla scienza. Così anche noi attraverso il grandissimo progresso scientifico riusciamo oggi a determinare i nostri punti di riferimento e costruire su di essi i viaggi che per un determinato tempo li allontana da noi, facendoci esplorare nuove rotte, concezioni e mondi. Quando infatti viviamo un'esperienza in realtà virtuale che essa sia di tipo documentaristico o ludico, l'intrattenimento è una costante necessaria per definire tale quell'esperienza. Prendiamo per esempio una persona molto anziana e per niente informata riguardo questa nuova tecnologia: la facciamo assistere ad una nostra esperienza virtuale, però dall'esterno e non con noi. Questa persona non vede né sente ciò che stiamo vedendo con un visore di realtà virtuale, però può vedere le nostre espressioni e i nostri movimenti. Agli occhi di un esterno potremmo semplicemente sembrare dei pazzi con la vista coperta che si muovono e reagiscono nello spazio senza però capirne i punti di riferimento. Facciamo finta di stare giocando a tennis: la persona anziana dovrebbe vederci tenere una racchetta in mano e qualcuno - se non un muro - che ci rimanda una pallina. Ma ciò non accade, in realtà non abbiamo una racchetta da tennis in mano, facciamo dei gesti che mimano quelli di un tennista ma il punto di riferimento (per chi guarda da fuori) per determinare che quella che sto giocando è una partita di tennis, non esiste. Perciò chi rimane come osservatore esterno è come se a quella partita non ci fosse mai stato, eppure si trovava nella stessa stanza di chi invece la stava giocando. Oltre a definirne i possibili limiti tecnologici, questo concetto determina i margini dentro il quale la realtà virtuale opera, dove inizia e dove finisce. Tutto ciò è necessario al discorso che affronteremo in questo testo dove capiremo le differenze tra il mezzo d'intrattenimento e l'esperienza, e di come le tecnologie si stiano sempre più specializzando verso quest'ultima.

Note

[1] definizione Treccani
esperiènza (ant. esperiènzia, speriènza, speriènzia) s. f. [dal lat. experientia, der. di experiri: v. esperire]. – 1. a. Conoscenza diretta, personalmente acquisita con l'osservazione, l'uso o la pratica, di una determinata sfera della realtà: avere, non avere e. di una cosa; https://www.treccani.it/vocabolario/ricerca/esperienza/

Visione fisica

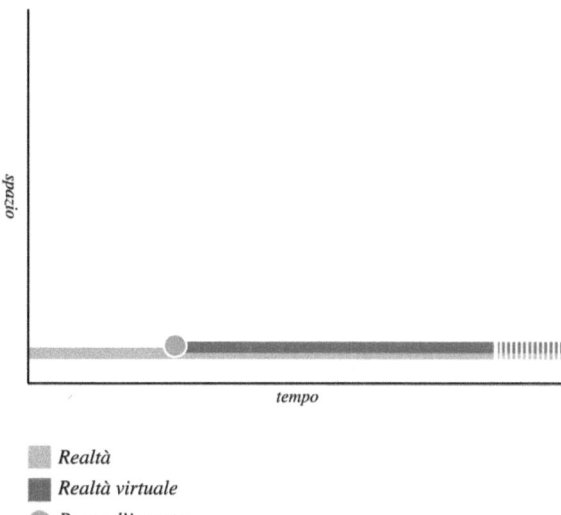

Realtà
Realtà virtuale
Punto d'innesto

Visione esperienziale

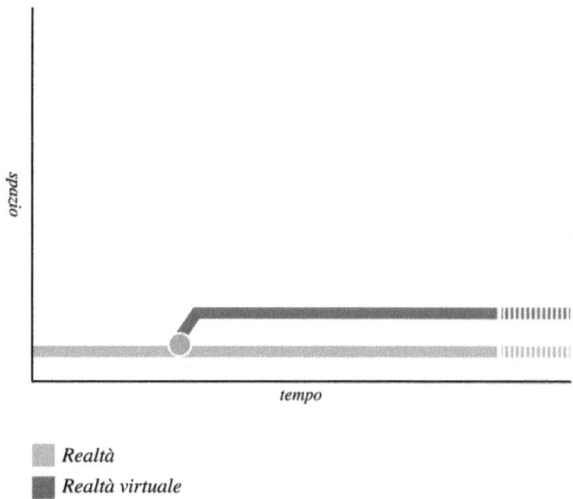

Realtà
Realtà virtuale
Punto d'innesto

6

Capitolo primo

Gli strumenti

Per prima cosa dobbiamo capire cosa si intende per realtà virtuale. Tecnicamente si tende a distinguere realtà virtuale (VR) con realtà aumentata (AR) per differenziare gli strumenti utilizzati per usufruirne. Ma in realtà, per fare un gioco di parole, esistono anche quelle che vengono chiamate realtà mista (MR) e realtà estesa (XR). Queste ultime sono più che altro delle macro categorie, dove si inseriscono al loro interno periferiche e metodi di utilizzo. Con realtà mista s'intendono tutte le esperienze immersive tra realtà e realtà virtuale (video mapping, installazioni etc...). Con realtà estesa s'intende tutto ciò che utilizza un supporto informatico per creare esperienze ed altro, infatti comprende AR, MR e VR. Iniziamo a dare uno sguardo a questi tipi di realtà e come si distinguono tra loro.

Per esempio, digitando con lo smartphone su google una razza di cane (tipo "Bulldog francese"), google mi dà la possibilità di incontrarne uno da vicino. Come? Attraverso la realtà aumentata. Utilizzando la fotocamera del mio telefono e un modello tridimensionale di quella razza, posso collocarlo secondo lo spazio che inquadra la fotocamera. Utile se voglio adottarne uno ma non ne conosco le reali dimensioni rispetto all'ambiente dove vivo, o semplicemente per sopperire al desiderio di averne uno senza prendersi troppo impegno. Un esempio decisamente più interessante di realtà aumentata sono le diverse applicazioni che permettono, puntando il telefono al cielo, di identificare le stelle e i pianeti. Prendiamo per esempio una stella che vediamo spesso la notte fuori dalla finestra, però non sappiamo come identificarla perché non abbiamo né gli strumenti né le conoscenze per farlo. Con un semplice tap, apriamo l'applicazione, puntiamo la fotocamera in modo che riprenda la stella e in pochi secondi sapremo il suo nome. Nello stesso modo possiamo scoprire che sopra di noi in quel momento vi è una costellazione che a occhio nudo e con l'inquinamento luminoso non è possibile scrutare. Questo per definire il tecnicismo di realtà aumentata come lo distingue il pubblico. Infatti le applicazioni di AR sono tantissime, servono appunto come supporto alla nostra attuale realtà, come avere un paio di braccia in più ma senza rinunciare al nostro spazio reale perché fondamentale affinché questa tecnologia funzioni. È invece apparentemente diversa l'esperienza che si può fare attraverso la VR che preclude l'utilizzo di uno spazio completamente digitale e l'utilizzo di un visore HMD che confina la vista al solo mondo di pixel. Questo spazio non deve necessariamente essere di fantasia, anzi, sono tante le esperienze realizzate all'interno di spazi esistenti, messi su come una scenografia teatrale, registrati e fruibili attraverso questi strumenti. L'unicità di utilizzare il visore, è che ti dà l'impressione, nel momento in cui lo indossi, di essere in uno spazio fruibile, reale, anche se costruito digitalmente. Muovendo la testa si muove anche la vista; spesso sono accompagnati da due controller, uno per ogni mano che nella visione virtuale vengono sostituiti da due mani digitali. E non finisce qui: anche l'altezza è fondamentale per rendere un'esperienza più verosimile; è infatti possibile regolare l'altezza dai nostri occhi al pavimento, così da poter adattare l'esperienza al nostro corpo con la massima precisione possibile. Per i più paurosi, alcuni sistemi permettono di creare un "recinto digitale" di sicurezza, oltre il quale l'utente non può andare, perché se superato interrompe immediatamente la visione.

Ripetendo sempre che queste due distinzioni sono soprattutto utilizzate per distinguere gli strumenti, chi in realtà crea giornalmente contenuti per queste due fruizioni, è quasi sempre consapevole che non esiste una linea di divisione. Quando si parla di AR si sta sempre parlando di realtà virtuale nel suo senso più ampio. Questo perché gli strumenti sono tanti e si adattano sempre di più al desiderio di immersività (di cui parleremo più avanti) e non sono realmente quelli citati in precedenza. Poiché siamo abituati a vedere sempre un medium tra noi e l'esperienza tecnologica che spesso si traduce in un utilizzo di oggetti tecnologici individuali, ci siamo dimenticati nel tempo che il vero strumento siamo noi, o molto più semplicemente, i nostri sensi. Prendiamo come esempio la tecnica del video mapping. Box (2013)[1] un progetto dello studio Bot & Dolly, dimostra egregiamente quanto bene si possano mescolare spazio reale e digitale senza alcuna protesi sensoriale, definendo questo tipo di esperienza realtà mista. Tutti gli elementi che emergono in Box coesistono mescolandosi ed interagendo con lo sguardo. Il "trucco" di questo successo non sono né i pannelli, né il mapping e né tanto meno i robot o la regia fotografica. Consiste tutto nel lasciarsi trasportare da ciò che ci mostra. Nell'Invenzione di Morel, un romanzo di Adolfo Bioy Casares del 1940, la macchina che permetteva di vedere la figura di Faustine come reale, la si potrebbe definire come uno strumento di realtà mista che ora identifichiamo più semplicemente come ologramma tridimensionale[2].

Tuttavia, pretendere di poter godere al meglio della realtà virtuale utilizzando esclusivamente i dispositivi individuali, è come dire che per apprezzare l'arte è necessaria una laurea in beni culturali. Essendoci abituati ad una dimensione fisica logica e consequenziale (per cui dopo A c'è B e 1+1 fa inevitabilmente 2 e non 3), tutto ciò che esce da quegli schemi logici non sempre viene percepito come tale. Non sempre ci si accorge di questa moltitudine di mondi che si mescolano e sovrappongono, delineando il tutto negli schemi che ci sembrano familiari.

Perciò indossare un visore o accedere ad un'esperienza AR o MR, non mi darà la certezza di provare un'esperienza se prima non apro la mia mente ad un approccio diverso, nei confronti di regole fisiche diverse.

Note

[1]collegamento ipertestuale al video del mapping https:// youtu.be/lX6JcybgDFo

[2]Immagine tridimensionale di un oggetto su lastra foto- grafica ottenuta sfruttando l'interferenza di due fasci di luce laser, uno diffratto dall'oggetto e l'altro riflesso da uno specchio. La tecnica olografica fu inventata nel 1947 dal fisico D. Gabor (fonte: https://www.treccani.it/enci- clopedia/ologramma/)

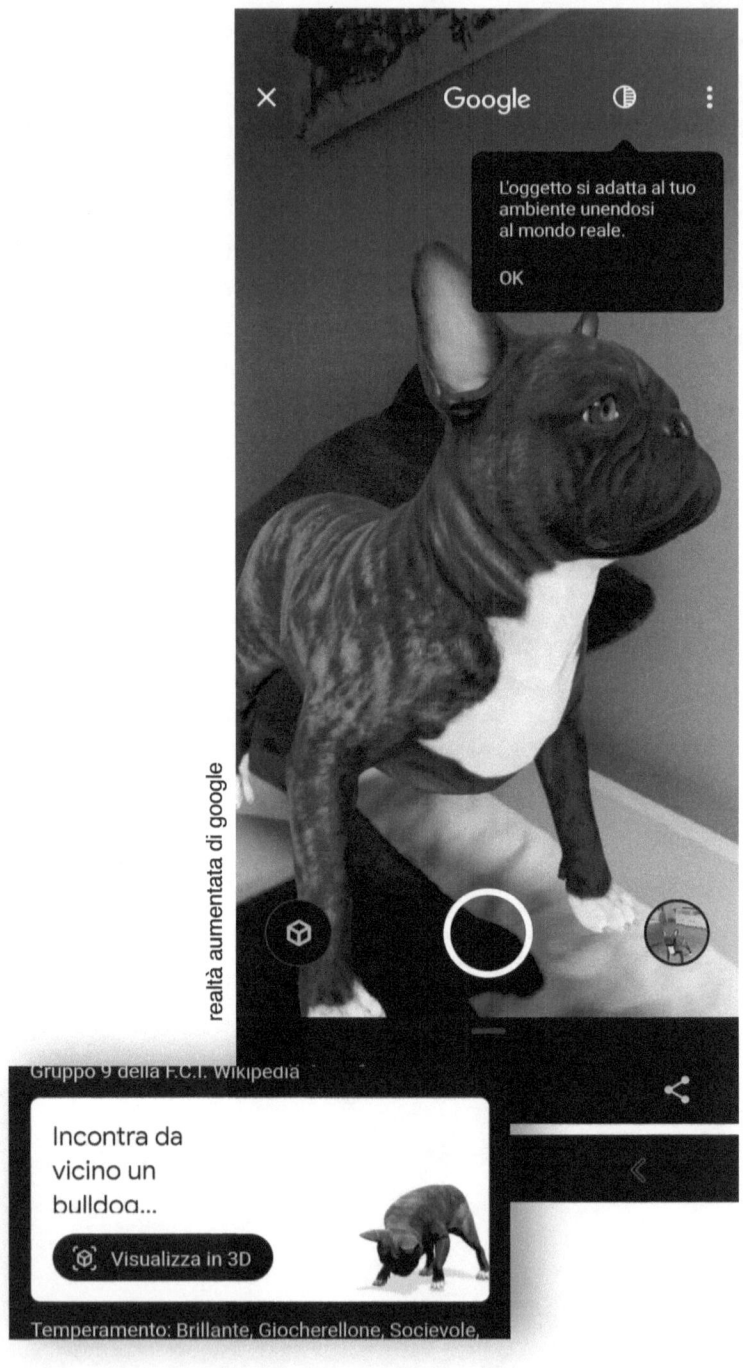

realtà aumentata di google

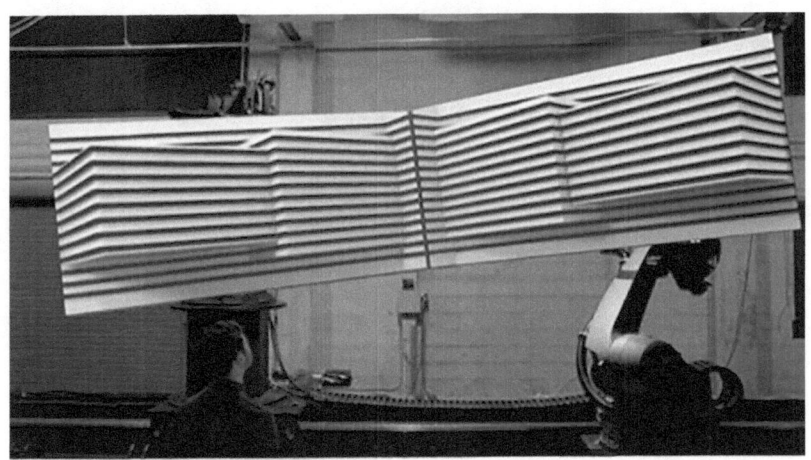

Box (2013) Bot & Dolly

Capitolo secondo

Mondi diversi

Dentro ad una caverna due uomini davanti ad un fuoco osservano i giochi d'ombra che danzano con le fiamme. Ci sediamo con loro lasciandoci trasportare da un primo momento catartico, ma che poi sembra successivamente rivelarsi un vero e proprio cinema. Disegni dalle linee sintetiche di piccoli e grandi animali sembrano correre via in quella parete che invece, a fuoco spento, li immobilizza con sé. Tori e lepri stanno realmente prendendo vita e raccontano un film di incontri e scontri. E sembrano proprio lì, davanti ai nostri occhi. Esattamente in questo modo i nostri antenati attraverso la suggestione delle immagini e del fuoco che le animava come uno zootropio, provavano una sorta di esperienza visiva e soprattutto sensoriale, permettendo allo spettatore l'immersione nella rappresentazione di animali, scene e altri frangenti acquisiti e modellati sulle esperienze di vita quotidiana. È esattamente ciò che la realtà virtuale aspira ad offrire all'utenza, ovvero un'esperienza immersiva in un mondo apparentemente simulato, e che riesca a far gioco sulla sfera sensoriale delle persone. *Pillola azzurra: fine della storia, domani ti sveglierai in camera tua e crederai a quello che vorrai. Pillola rossa: resti nel paese delle meraviglie, e vedrai quant'è profonda la tana del Bianconiglio.* Ci chiederebbe Morpheus come in Matrix, un film

16

che ha dato spazio ad un nuovo modo di leggere la realtà e quelle "alternative".

È perciò un lasciarsi trasportare in un mondo diverso, un mondo non ordinario, dove è possibile vivere esperienze che nella realtà comunemente conosciuta, sarebbero difficili da scovare.

Per rendere più impattante l'esperienza visiva, i nostri antenati cercavano punti delle caverne ben più bui dell'ingresso, non per una questione di sicurezza o di temperatura, ma perché il buio - come succede tutt'oggi nei cinema e con i visori - dà molto più sfogo alla luce proiettata volutamente ed è come se invitasse i partecipanti a dimenticare il fuori, a dimenticare momentaneamente il mondo ordinario, e a lasciarsi andare a qualcosa di diverso che apre una finestra ad un ben più ampio spettro emotivo.

Un esempio che potrebbe collocarsi tra l'esperienza primordiale e la nostra attuale virtual reality, è il progetto di Vanessa Vozzo, *Photosynthetic Me* (2021). *PhMe* dà l'opportunità sensoriale di provare ciò che prova una pianta attraverso due tipologie d'approccio: la prima legata al tatto, utilizzando inizialmente una soluzione dermatologica che, reagendo a livello topico, esegue la fotosintesi sulla parte di pelle esposta[1]. Il secondo tipo d'approccio consiste nel fare sdraiare su un prato (sintentico)[2] le persone che inizialmente hanno spalmato la soluzione sulla loro pelle, e far indossare loro un visore che proietta l'ambiente naturale dove, solitamente, una pianta vive e convive con altre specie. La vita delle piante (dei vegetali in generale) è un altro di quei mondi che l'uomo esplora dall'esterno ma che, finché la scienza non arriverà anche a quello, non è possibile sperimentare come tale, nel suo modo di esserlo naturalmente s'intende, cioè nutrendosi dalla fotosintesi e non solo nella visione superficiale di un qualcosa che si avvicina più allo stato comatoso umano che ad un essere vivente e in piena salute. Mentre l'esperienza tattile ci mantiene da una parte legati ad un mondo che già conosciamo e dall'altra apre la porta ad uno nuovo, il visore integra una visione inusuale dell'essere umano, mancante, diversa. Ciò non significa che inequivocabilmente la realtà virtuale restituisca sempre qualcosa, ma è uno strumento che se utilizzato consapevolmente è in grado di portarci mentalmente e visivamente in altri mondi. Paradossalmente a quanto si possa credere, nel progetto di Vanessa V, la parte relativa alla realtà virtuale non si preclude nell'utilizzo del visore ma bensì si sviluppa anche esternamente. Come? Attraverso il rapporto tra la sensazione tattile e l'immaginario visuale proposto. Se infatti non ci fosse stato il processo di trattamento cutaneo e il contatto con l'erba sintetica prima di indossare il visore, quest'ultimo sarebbe risultato probabilmente insufficiente per l'esperienza proposta. Ciò non significa che l'esclusivo utilizzo di strumenti individuali sia uguale a guardare un film, ma che l'utilizzo esclusivo debba essere giustificato in funzione al progetto. Questo rimarca la questione che la realtà virtuale non debba essere un surrogato della realtà laddove essa presenti dei limiti, bensì un'altra forma di realtà. Utilizzo la tecnologia per immaginare di essere come una pianta non solo perché non posso esserlo realmente, ma perché non ho solo bisogno di immaginarlo ma di provare ad esserlo. Questo giustifica la necessità di provare a fare la fotosintesi, altrimenti sarebbe bastato sdraiarsi a terra e fingere di essere colpiti dai raggi solari. Un altro progetto sulla stessa linea esperienziale è *The Machine To Be Another* (2014) del BeAnotherLab, un sistema di incarnazione del sistema di realtà virtuale (EVR), un visore che se indossato, permette di vedersi con un corpo che non è il nostro. Più tecnicamente, tramite l'utilizzo di due visori indossati da due persone contemporaneamente, si scambiano le immagini riprese dalle fotocamere esterne di ognuno, dando l'impressione di essere nel corpo dell'altro. Inoltre, le due persone coinvolte concordano inizialmente i vari movimenti da eseguire per rendere l'esperienza più verosimile possibile. Un progetto creato per distruggere le barriere sociali che talvolta appaiono tra sessi, etnie diverse etc... regala all'altro la possibilità di conoscere ben più di un punto di vista, bensì un nuovo modo di sentirsi e percepirsi.

Per ultimo e non da meno, il progetto di Rebecca Rutstein, *Blue Dreams* (2023), indaga sull'impatto delle reti microbiche marine, a livello globale. Attraverso i dati forniti dal microbiologo Anderson (Carleton College), dal biogeochimico marino Joye (Georgia University), dal bioingegnere Skalak e dal professore di ingegneria biometrica Peirce-Cottler (Virginia University), Rustein ha realizzato un'installazione immersiva tra arte e scienza, che racconta visivamente il mondo microbico delle profondità marine, attraverso astrazioni, riprese sottomarine e modellazione computerizzata.

Note

[1] *tutti i dati scientifici riguardo il progetto in sitografia*

[2] *Anche il prato fa parte dell'esperienza legata al tatto ed è il punto cardine tra il primo ed il secondo approccio*

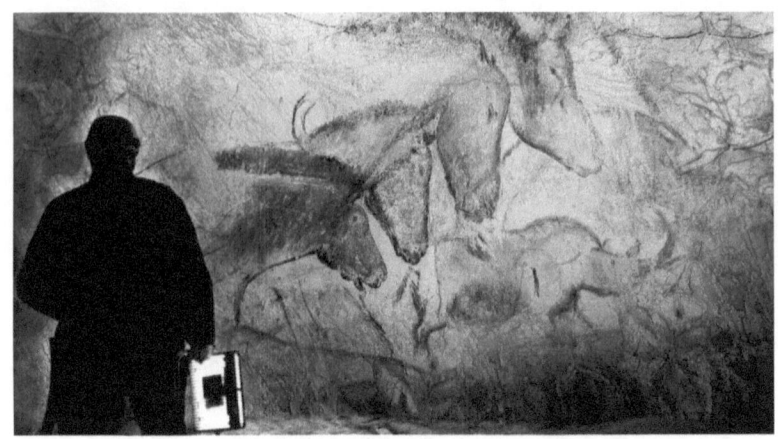

The cave of forgotten dreams (2010) Werner Herzog

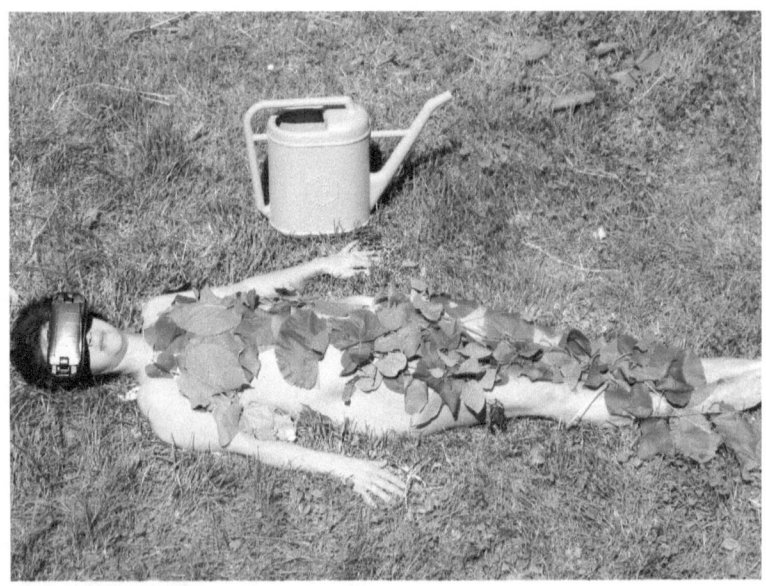

Photosyntetic Me (2021) Vanessa V

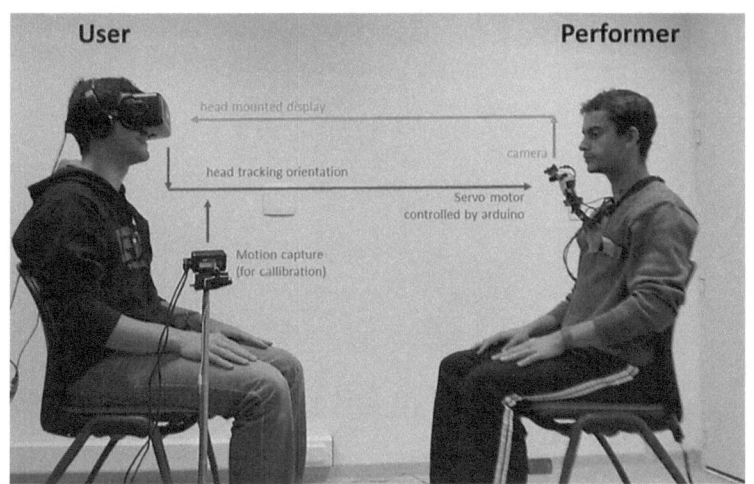

The Machine To Be Another (2014) BeAnotherLab

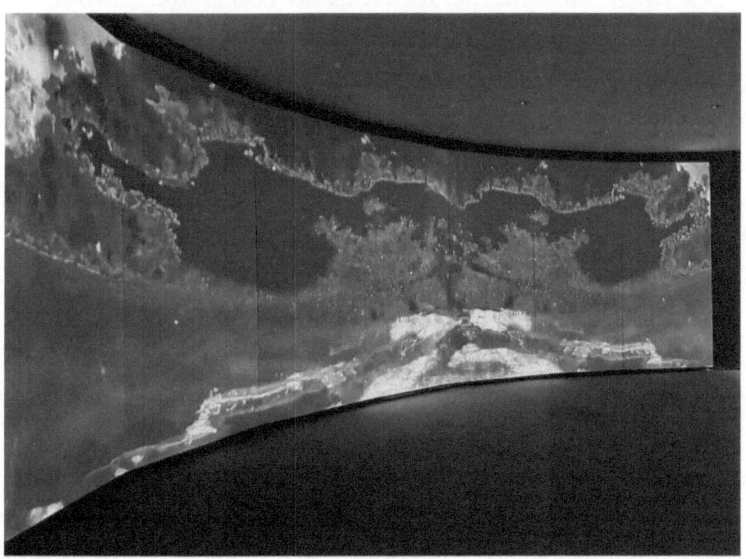

Blue Dreams (2023) Rebecca Rutstein

Capitolo terzo

L'ipertesto

Non tanto noto come realtà virtuale ma strettamente legato al concetto, è l'utilizzo ormai comune dell'ipertesto, solitamente individuato come una parola chiave che, se cliccata, ci reindirizza ad un approfondimento derivante dal significato o concetto di questa. Per esempio se utilizzassimo la parola Urbino come collegamento ipertestuale potremmo, a seconda delle esigenze dei nostri lettori, collegarlo o ad una pagina documentaristica della città di Urbino (se volessimo che i nostri lettori conoscano il luogo), o alla storia di Federico da Montefeltro, Duca di Urbino (nel caso in cui dessimo per scontato o non necessario che i nostri lettori conoscano Urbino per le sue caratteristiche essenziali ma solamente per mezzo storico-culturale).

Così l'ipertesto si muove per mondi intrinseci e paralleli, esattamente come quando indossiamo un visore e vogliamo viaggiare secondo le nostre esigenze: il contenuto non è più statico ma si adatta alla nostra ricerca - e ai nostri occhi - rendendoci fruitori non più di un materiale ma di un'esperienza. Che poi questa esperienza possa o no stupirci, soprattutto oggi che l'ipertesto è diventato ormai di uso comune e scontato, immaginatevi il suo funzionamento nella vita reale. Immaginate che ogni oggetto nella vostra abitazione, se "interrogato" vi riportasse a qualcos'altro. La realtà aumentata che ho citato in precedenza, la stessa che ci aiuta a conoscere le stelle, non potrebbe essere considerata una forma di ipertesto? O meglio, iperimmagine, un'immagine che rimanda ad un'altra. In questo modo funziona la google ricerca con le immagini che chiama "contenuti correlati", cioè un sistema di rimando che rende la ricerca sempre più precisa e personalizzata. Anche queste due categorie, ipertesto e iperimmagine, si adattano allo schema geometrico che ho immaginato per la realtà virtuale, un mondo che si innesta nella nostra realtà e si muove parallelamente al nostro spazio-tempo. Però non possiamo inserire sullo stesso piano strutturale ipertesto e iperimmagine in quanto quest'ultima, dobbiamo sempre ricordare, è il risultato di una struttura testuale.

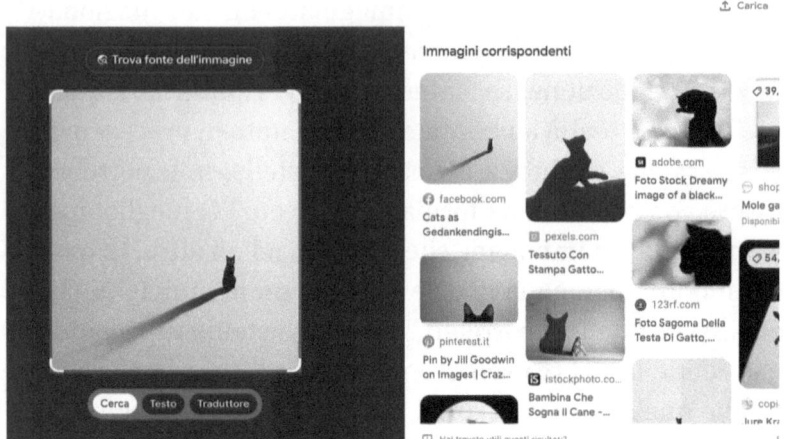

Google lens per cercare immagini dalle immagini

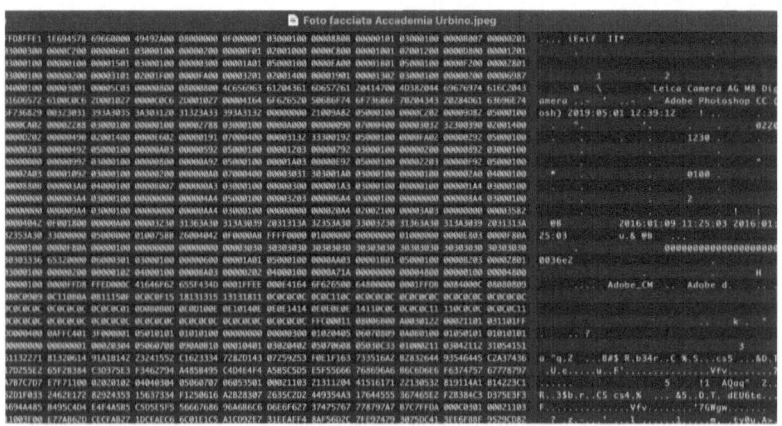

Parte della struttura testuale di un'immagine

Capitolo quarto

Mondi sommersi

Quando oggi si parla di immersività non intendiamo quasi mai parlare di acqua e di sommozzatori, o meglio, i sommozzatori ci sono ma non indossano né muta né pinne. Spesso però si indossa una "maschera" che ci fa vedere volendo anche un bel fondale marino o nell'altro progetto di Vanessa Vozzo, *Apnea* (2016), il triste scenario dei migranti che si avventurano per mare, alla ricerca di una più felice dimensione di vita, o per rimanere in tema, di un mondo più compassionevole.

Così, attraverso gli oggetti "persi" nei viaggi della speranza nel mare di Lampedusa, Apnea ci immerge non solo in acqua ma metaforicamente e concretamente nel senso di responsabilità sulla tematica dell'immigrazione, facendocela vivere più vicino che mai. Anche in questo caso è necessario sottolineare come un'esperienza del genere è emotivamente più impattante del solito notiziario annichilatorio, di frasi e immagini ridondanti e ormai di repertorio. Mentre il popolo della televisione gode di un palinsesto preconfezionato da qualcun altro e giornalmente annegato dai prodotti commerciali, l'utente virtuale ha più possibilità di scegliere il mare dove immergersi. Apnea è l'esempio di come si possa utilizzare la realtà virtuale come metodo di sensibilizzazione, laddove a volte è difficile.

Tornando invece al termine immersione, si può dedurre come la realtà virtuale venga paragonata a posteriori ad un liquido, dando una valenza di rilievo alle esperienze che si possono vivere in essa. Non casualmente l'immersione prevede l'introduzione del proprio corpo e mente in un ambiente che ci circonda completamente, e che ci isola momentaneamente dalla nostra realtà giornaliera.

Però è importante precisare che riferirci all'immersività solo come la parte visuale dell'esperienza non è corretto. Sono infatti cinque (che ricoprono quasi tutti i nostri sensi) i fattori che distinguono un semplice prodotto audiovisivo da una realtà virtuale, aumentata o mista:

Visuale: coprendo l'intera fascia visiva dell'utente con un visore VR, si eliminano le possibili distrazioni visive esterne e si permette di godere di una vista virtuale a 360°, consentendo all'utente di potersi muovere attorno a sé stesso come se fosse all'interno di uno spazio reale;

Sonoro: utilizzando altoparlanti direzionali o cuffie, l'audio configura lo spazio attorno all'utente secondo direzione e distanza;

Interazione: utilizzando dei sensori è possibile trasportare i gesti dell'utente nel mondo virtuale, dando la possibilità di utilizzare oggetti presenti esclusivamente nel mondo virtuale;

Feedback sensoriali: attraverso controller, caschi, guanti o tute, è possibile restituire all'utente una simulazione di un evento fisico, come una vibrazione, un senso di calore (per esempio il sole in testa)[1];

Movimento: molto simile all'interazione per l'utilizzo di sensori, il movimento è un fattore che permette all'utente di muoversi nello spazio virtuale attraverso movimenti reali. Per esempio saltando o camminando e correndo sul posto in VR, si tradurrà rispettivamente in saltare una corda, fare una passeggiata o correre una maratona. Ciò che la realtà virtuale offre è un contesto dove svolgere quelle azioni.[2]

Visti i cinque punti precedenti, l'obiettivo dell'immersività è quello di far dimenticare l'utente di essere all'interno di una simulazione, rendendo così sempre più veritieri i sentimenti provati, e più autentica l'esperienza.
È facile dedurre come l'immersività sia uno degli elementi chiave per il corretto funzionamento della realtà virtuale e aumentata. Fin quando i visori non riusciranno ad implementare meglio i nostri sensi, per fruire di esperienze immersive dovremo muoverci da casa. Come *Rain Room* (2012) del collettivo Random International un'installazione che permette ai visitatori di passare sotto la pioggia senza bagnarsi. Quella che potrebbe essere un'illusione è in realtà un lavoro tecnologico di alta qualità. Infatti, attraverso dei sensori, viene captata la figura tridimensionale del visitatore nell'area dove piove, per disattivare al suo passaggio gli erogatori posizionati sul soffitto, creando così una sorta di sentiero di pioggia che mano mano si accende e spegne. Qual è la dimensione immersiva di questo lavoro? Sicuramente la pioggia stessa: un fenomeno atmosferico difficile da riprodurre affinché possa essere il più possibile reale. L'interazione con questa è il punto chiave

del lavoro. Nel momento in cui le persone provano a passare sotto l'acqua, questa si ritira in prossimità del passaggio, lasciando talvolta il pubblico in un occhio asciutto circondato d'acqua e così diventando parte integrante dell'installazione. L'ambiente trasmette una sensazione onirica: una stanza grande e buia, con una luce soltanto che crea giochi di ombre e riflessi.

Un'altra interessante mostra immersiva è *Soft Terrain in Granular Topography - A Whole Year per Year* (2020) dello TeamLab, ancora attiva, è un'installazione interattiva tridimensionale. Una stanza dal pavimento irregolare e morbido dove sembra di camminare su cumuli di coperte, interagisce con il nostro passaggio. Laddove si cammina e si creano dei solchi, dei particles colorati si concentrano sotto di noi ed esplodono in giochi di luce. Si possono anche scostare o riunire sulle pareti. Anche in questo caso l'opera si completa con la presenza del pubblico che interagisce trasformandola, creando delle vere e proprie performance.

Note

[1]https://www.facebook.com/WevolverApp/videos/1364924027607355
https://www.facebook.com/refikanadolstudio) //destinazione sitografia o foto con QR code)

[2]il contesto è importante: se stiamo correndo sul posto, è diverso se un visore HMD ci permette di correre alla vista di un bel parco. Idem se utilizziamo un tapis roulant per camminare e un visore per illuderci di essere altrove.

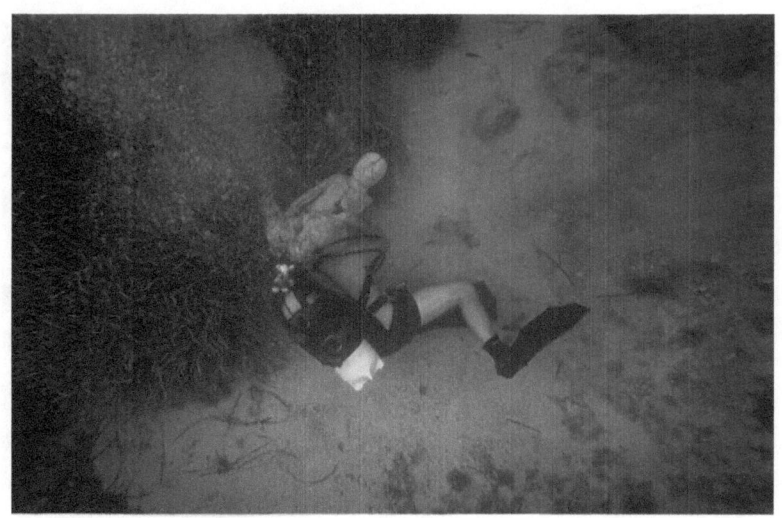

Apnea (2016) Vanessa V

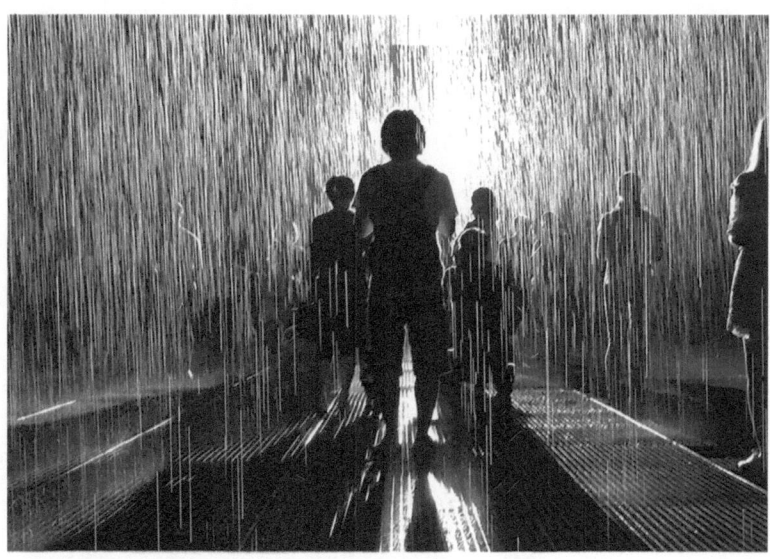

Rain Room (2012) Random International

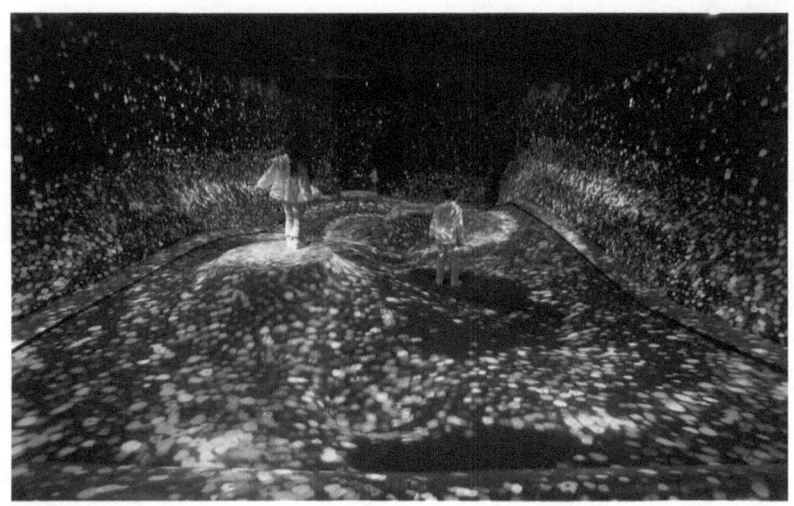

Soft Terrain in Granular Topography - A Whole Year per Year (2020, -)
TeamLab

Capitolo quinto

Mondi connessi

È possibile esplorare oltre l'universo? Non lontano ma proprio oltre, scavalcando per trovare nuove fisicità e nuovi tempi? Ebbene sì, perché oltre l'universo non è altro che la traduzione semantica del già ben noto Metaverso. il prefisso meta- significa "con, dietro, oltre, dopo", e con universo si può intendere sia quello naturale che scavalchiamo, sia il significato di universo che sta oltre (al nostro abituale).

Il metaverso perciò si può definire la prosa del significato più ampio di realtà virtuale. È infatti un mondo che può vivere esclusivamente sui server online dove mantiene le fondamenta dei suoi dati, dei suoi spazi, rendendoli fruibili da più persone contemporaneamente e da ogni parte del globo. È infatti possibile incontrarsi con altre persone semplicemente accedendo a questo spazio virtuale non più con una chat ma con un avatar che ci rappresenta, di cui esplicheremo le caratteristiche identitarie nel capitolo successivo. Perciò un metaverso non è un semplice luogo digitale circoscritto, bensì un universo analogo al nostro per unicità fisica e temporale. *Second Life*, creato nel 2003, è uno dei più famosi metaversi nel mondo. Solitamente un metaverso non ha uno scopo ben preciso (sarebbe come chiedersi perché viviamo) ma può avere delle missioni, dei traguardi o un'interfaccia che ne determina un modus operandi. SecondLife ha un'interfaccia tale che permette la comunicazione con altri utenti non solo attraverso la chat ma anche utilizzando lo schema visivo dell'avatar. SL è famoso soprattutto per il connubio tra libertà di socializzazione e di creazione di elementi, chiamati anche in Italia items. Gli items possono essere di tipo architettonico (edifici, infrastrutture), naturale (piante, animali, montagne, neve etc..), oggetti con script[1] che permettono all'avatar di utilizzarli per compiere delle azioni (alzare un bicchiere, fumare una sigaretta, mangiare del cibo, restare seduti su una sedia etc...),oppure possono essere tutto ciò che riguarda l'estetica dell'avatar (pelle, occhi, capelli, altezza, etc...) e qualsiasi altra cosa fisicamente costruibile. Sono infatti numerosi gli ambienti realizzati ad hoc per eventi, riunioni, mostre e tutto ciò che comporta un relazionarsi con l'ambiente e le persone. Si possono anche vendere le proprie creazioni, acquistare più spazio o uno spazio pubblicitario per aziende o azioni politiche[2]. Tutto ciò che può in qualche modo rendere SL esattamente una seconda vita, SL lo offre. Un'altra piattaforma da non sottovalutare è *Roblox*. Roblox analogamente a SL, offre la possibilità di creare e comunicare con altre persone. A differenza di SL però la linea grafica ha una certa familiarità con i mattoncini Lego ed è finalmente possibile utilizzare un visore VR. Roblox permette di fruire di minigiochi e situazioni create sia dagli sviluppatori che dagli utenti stessi. L'interfaccia iniziale ricorda infatti i primi siti di minigiochi online che, a differenza di SL, schematizza su una pagina.

Un altro interessante caso è il dibattuto *Fortnite*. Fortnite nasce come gioco beta acquisibile gratuitamente su Play-

Station 4 dal 2017. A differenza di Roblox e SL, Fortnite nasce come gioco PvP (giocatore contro giocatore); solo successivamente è nata la modalità creativa che nasce però sempre in funzione di una modalità di gioco ben specifica. Anche su Fortnite è possibile interagire con altre persone attraverso chat, chat vocali e avatar, rendendo anche questo una forma di realtà dove potersi incontrare e giocare insieme, utilizzando anche in questo caso un visore VR. Un'altra piattaforma di realtà virtuale, ancora in fase beta, è *Horizon Worlds*. Consente agli utenti di interagire con ambienti immersivi, di creare i loro mondi personalizzandoli per condividerli con altri utenti. La parte curiosa di questa piattaforma è che i creatori sono la Facebook Reality Labs, facente parte di Facebook, perciò di *Meta*.

Però perché, un'azienda come Meta, con già il suo mondo virtuale, decide di investire su un ambiente virtuale come Roblox? L'azienda ha da poco annunciato la compatibilità di Roblox con il visore Meta Quest 2, perché dare l'accesso ad un mondo virtuale competitor? La soluzione ce la suggerisce questo articolo di bruceb.com che dice:

"It's the 2020s version of the mall."

Roblox fondamentalmente pullula di ragazzi molto giovani sotto i sedici anni. È uno spazio che durante le pandemia, ha lanciato un nuovo modo di vivere tra i giovanissimi. Si sono infatti celebrati compleanni, feste e concerti. Niente di nuovo se pensiamo a ciò che offre SL. Però quest'ultimo è nato per gli adulti mentre Roblox raccoglie una fascia più giovane. Ha ben pensato Zuckerberg di far fare un percorso no stop a questi giovani users, così che quando Roblox gli andrà stretto per una questione di target, possano passare al nuovo Horizon Worlds. Significa accapar-

rarsi una grossa fetta di futuri utenti, con i visori VR che
diverranno sempre meno costosi e permetteranno sempre a più persone di rimanere immerse in questo mondo
diverso. L'articolo di bruceb.com mette sul piatto anche
la questione delle possibilità economiche. È chiaro che i
bambini hanno meno accesso ai soldi rispetto ai giovani
adulti. Così Roblox è come se fosse la versione trial di un
modo di vivere che a brevissimo sembra voglia diventare
una nuova realtà.

VR Chat è un altro universo virtuale, molto più completo
di Horizon Worlds ma senza niente di più rispetto agli altri. La parte curiosa di VR Chat è il fatto di essere un punto di incontro per gli Otaku[3], è infatti possibile incontrare
tantissimi avatar dalle sembianze di personaggi di ani-
me e manga, e si potrebbe definire un sistema estetico di
quell'universo. Per concludere l'elenco di metaversi, è importante segnalare Sansar, uno dei migliori visti in circo-
lazione. Dalla linea estetica notevole, Sansar è la versione
migliorata di Second Life e infatti portano la stessa firma.
È possibile interagire e costruire il proprio universo, non
stando per forza sui canoni estetici di un cartoon (come
invece impongono roblox, horizon worlds e vr chat) ed è
finalmente possibile utilizzare un visore.

Note

[1] In informatica, programma o sequenza di istruzioni che viene interpretata o portata a termine da un altro programma. (Fonte Enciclopedia Treccani https://www.treccani.it/vocabolario/script/)

[2] collegamento ipertestuale al video https://www.youtube.com/watch?v=RrRvPsWOCmI

[3] Giovane appassionato di fumetti e animazione giapponese che trascorre la maggior parte del proprio tempo in casa, dedicandosi in modo quasi ossessivo al collezionismo, ai giochi elettronici, a Internet, alle relazioni mediatiche a sfondo sessuale; relativo a tale fenomeno giovanile. (Fonte: Enciclopedia Treccani https://www.treccani.it/vocabolario/otaku_%28Neologismi%29/)

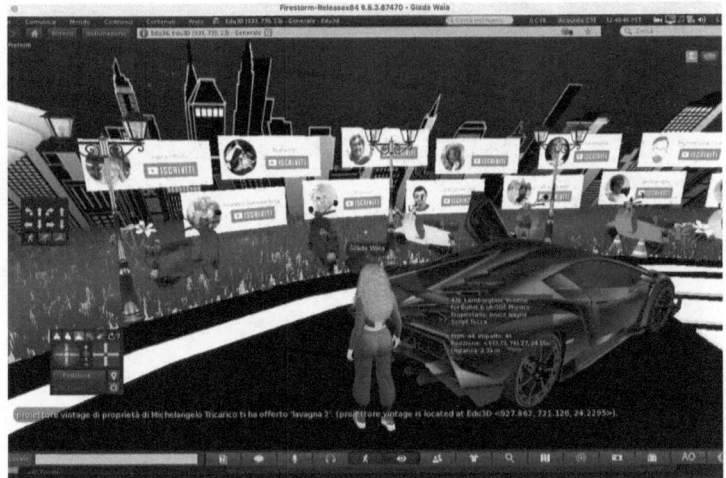

SecondLife, frame di gioco

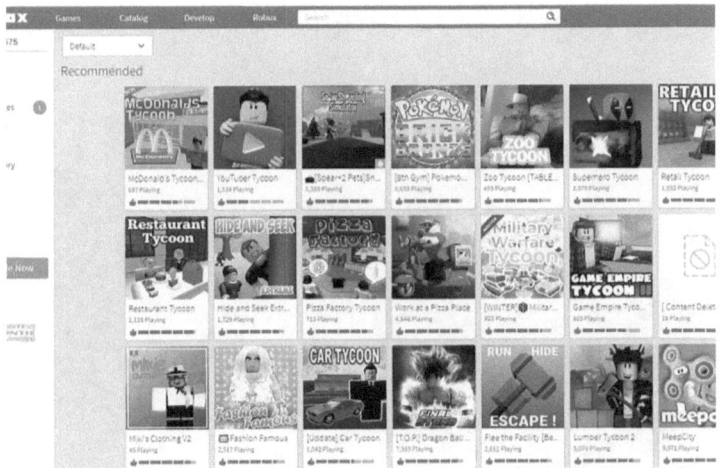

Roblox, interfaccia iniziale

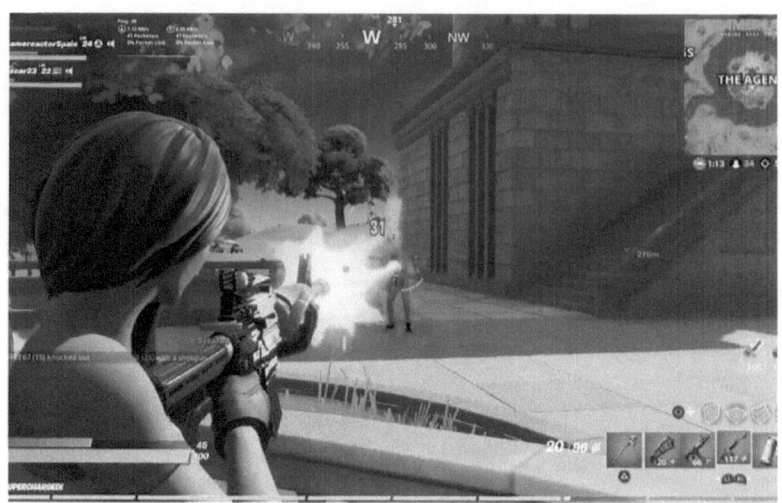

Fortnite, frame di gioco

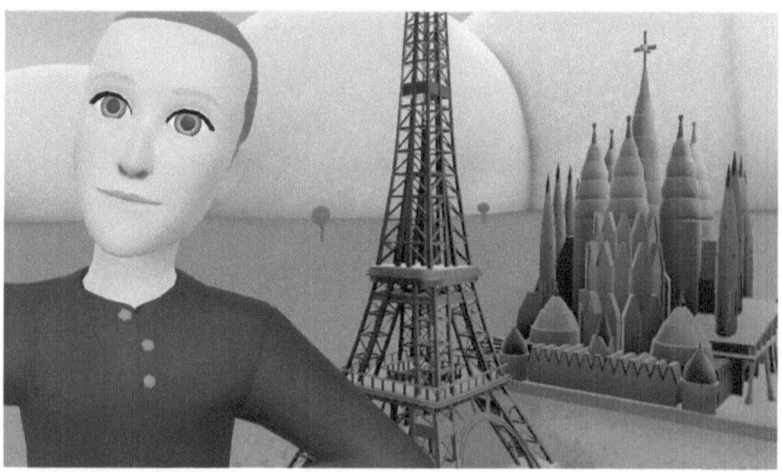

Horizon Worlds, avatar di Mark Zuckerberg

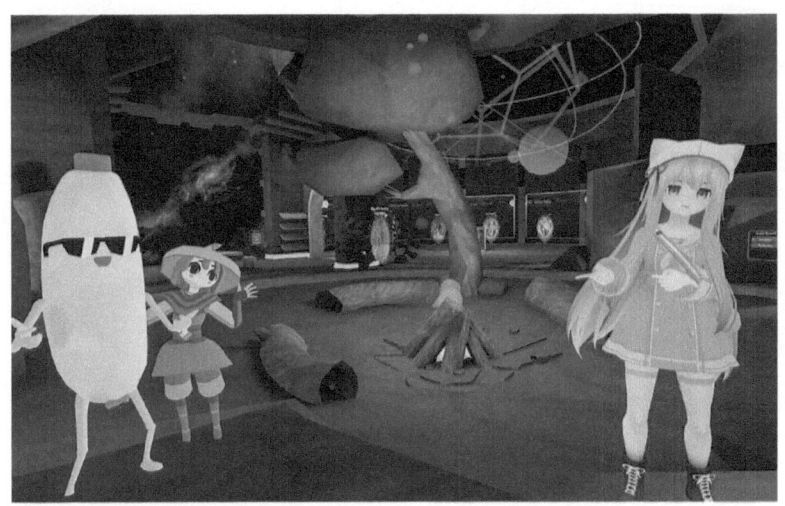

VRChat

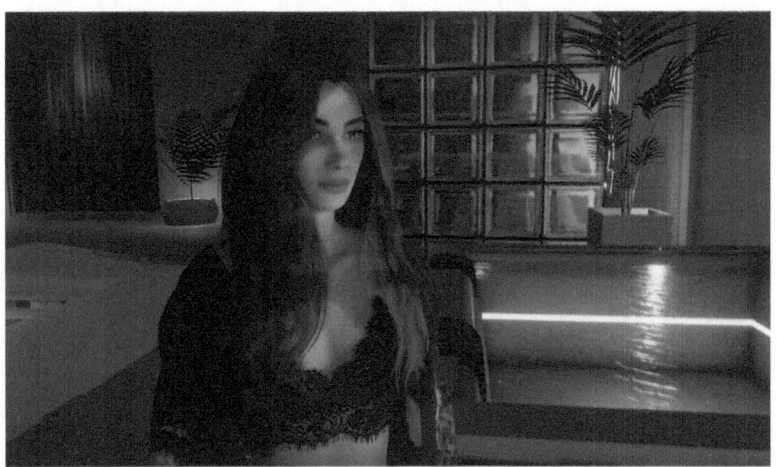

Sansar, dettagli grafici

Capitolo sesto

Identità virtuale

Quando le persone chiedono *"come ti chiami su instagram?"* non vogliono sapere cos'hai scritto sulla tua carta d'identità, bensì come ti vuoi far identificare virtualmente. Iniziamo a dire che identità virtuale e digitale sono due cose diverse. Il *Sistema Pubblico di Identità Digitale*, quello che in Italia chiamiamo SPID e che ormai tutti siamo obbligati ad avere per poter eseguire qualsiasi operazione che richieda la nostra presenza, è un sistema che certifica e raccoglie i nostri dati anagrafici registrati ufficialmente all'anagrafe. Perciò, se all'anagrafe mi chiamo Giada Trudu, lo SPID mi identificherà come tale, e non mi chiederà come vorrei farmi identificare sul web, perché il suo dovere è certificare la persona fisica[1]. L'identità virtuale invece, è come vorremmo che ci identificassero. È come la differenza tra nome e nomignolo, il primo lo utilizziamo per iscriverci ad una scuola, il secondo è come i nostri amici vorremmo che ci chiamassero. Tuttavia, dall'invenzione di internet a oggi, l'identità virtuale ha superato la sua concezione nell'esistere esclusivamente legata ad un semplice nickname.

44

L'identità virtuale si può infatti definire con diversi parametri, che sarebbero i medesimi della nostra identità personale al di fuori delle connessioni, che sono:

1. *nickname*
2. *avatar*
3. *carattere*
4. *voce* (quando è possibile)

che nella realtà sarebbero rispettivamente:

1. *nome*
2. *aspetto*
3. *carattere*
4. *voce*

Ciò che invece determina l'identità digitale:

1. *dati anagrafici*
2. *dati biometrici*

Come avrete notato il carattere e la voce sono due costanti sia nella realtà che nella realtà virtuale. Questo perché il carattere, per chi soprattutto è abituato alla socializzazione virtuale, determina fortemente il tipo di approccio con quella persona e la distingue anche virtualmente. Così come la voce; immaginiamo due situazioni diverse: conosco una persona online, non ho idea di che faccia abbia ma la identifico grazie al suo avatar e alla sua voce; un giorno, improvvisamente, la voce è drasticamente diversa. Ecco che inizio ad avere dei dubbi sull'identità di quella persona. Questo accade perché anche se siamo in un mondo virtuale e lo viviamo esattamente come il nostro, proprio per questo non possiamo scientificamente accettare che nella realtà, una persona che conosciamo e di cui conosciamo la voce, improvvisamente la cambi. O meglio, non è impossibile scientificamente, in quanto cambiamenti ormonali nella pubertà o transizioni sessuali nel corpo di un adulto comportano ciò, anche se non in maniera improvvisa. Un altro scenario potrebbe essere quello di accorgerci che qualcosa nel nostro amico virtuale è cambiato. Dall'oggi al domani ha cambiato carattere, non parla più con noi o ci tratta diversamente. Può sempre essere di cattivo umore, però questa alterazione destabilizza la nostra fiducia verso quella persona. Esattamente ciò che succede nella realtà a livello comportamentale, lo ritroviamo anche nella realtà virtuale. Mentre per quanto riguarda tutti gli altri parametri che non sono stati identificati ugualmente, c'è una motivazione che va ben oltre la precisazione del termine a seconda del suo utilizzo, ma esiste una vera e propria distinzione che ne determina una diversa funzione. Il nickname è un nome spesso fittizio, pochi utilizzano il proprio vero nome online, per la questione della privacy che però sembra dividersi in altre motivazioni più profonde. Infatti da una parte chi non utilizza il proprio nome è realmente spaventato dal suo possibile utilizzo, in caso di smarrimento dell'account, e chi invece desidera vivere una vera e propria seconda vita online, desideroso di dimenticare momentaneamente l'identità che lo definisce in vita, a volte per noia e altre volte per un desiderio di rinascita. Il nickname, anche se non ha lo stesso potere di un'identità anagrafica, è comunque spesso utilizzato per mantenere l'ordine nei mondi virtuali. Essendo luoghi frequentati da persone di ogni genere, il nickname, in caso di violazioni, prende la funzione di identificativo. Infatti, sempre più server obbligano gli utenti a registrare il proprio numero di telefono all'account, per garantire maggior sicurezza all'interno degli spazi. Così se *farfallina86* o *muscolo74* dovessero insultarci, tramite una segnalazione possiamo impedir loro di mettere piede nella nostra oasi di pace, e in casi gravi sporgere denuncia. Per assurdo, il nostro nome potrebbe non certificare la nostra identità nella realtà. Infatti, in mancanza di un documento che certifichi che noi ci chiamiamo come dichiariamo, la nostra parola è fumo. Esattamente ciò che accade con i migranti clandestini. Migliaia di persone senza un nome, fantasmi nel mondo reale. I dati anagrafici sono invece la nostra chiave d'accesso ad ormai tutti i servizi di base. Infatti, senza questi, non possiamo lavorare regolarmente, non possiamo aprire un conto in banca, non possiamo avere una linea telefonica e nemmeno un pezzo di terra.

Questo per quanto riguarda semplicemente la risposta alla domanda «come ti chiami?» ma per tutto ciò che non richiede una risposta in parole ma in immagini? Così nasce l'avatar. L'avatar è una figura bidimensionale o tridimensionale che ci identifica come corpi nello spazio virtuale. Questi corpi non per forza sono figure umane più o meno stilizzate, possono anche essere animali, piante o tutto ciò che ci può personificare virtualmente. L'avatar è qualcosa che va ben oltre l'idea di travestimento. L'avatar è solitamente il riflesso di ciò che si vuole essere, è un desiderio avverato in un mondo diverso. È infatti così importante che moltissime piattaforme monetizzano parecchio con le varianti acquistabili per l'avatar rispetto ad altri items. Chi invece è capace di creare oggetti e accessori da sé, diventa spesso un venditore di elementi per personalizzare i propri avatar. In server come quelli di SL dove è possibile diventare qualsiasi cosa, è facile notare come le persone preferiscano identificarsi con un avatar che segue gli attuali canoni di bellezza sociali del paese di appartenenza. Per esempio su Second Life, un avatar italiano si distingue dagli altri per l'altezza non indifferente (corrisponderebbero ai quattro metri reali), abiti eleganti e corpi dai canoni classici. Gli avatar brasiliani si distinguono spesso per le curve pronunciate sulle natiche. Gli inglesi creano avatar molto simili alla loro fisicità reale. Questo modo di crearsi secondo dei canoni, è determinato dall'influenza della televisione, soprattutto in termini di accettazione.

Detto ciò, mentre online l'aspetto è importante ed intercambiabile, nella realtà montarsi delle gambe più lunghe è ancora impossibile. Al di là della chirurgia plastica e dei vari trattamenti di bellezza (che, come nel mondo virtuale, hanno un prezzo), l'aspetto è fondamentale per distinguere una persona. Ed i gemelli monozigoti? Anche se i gemelli, per quanto apparentemente identici non lo siano, a distinguerli l'un l'altro sono proprio gli altri parametri. Però sicuramente l'aspetto distinguerà me da loro. Un altro parametro di cui non abbiamo ancora parlato e che si lega in un certo senso all'aspetto, sono i dati biometrici. I dati biometrici fanno parte di quella che definiamo identità digitale e sono unici, sono il nostro dna. Ne fanno parte impronte digitali, fisionomia, retina e iride oculare. Questi dati certificano al 100% la nostra identità se legati a dei dati anagrafici, meglio di una fotografia. Queste sono le principali distinzioni tra le varie identità e ci deve far riflettere su qual è quella che più ci identifica e quella che invece pensiamo ci identifichi ma non lo fa abbastanza.

Per quanto i mondi virtuali vengano considerati dai non addetti ai lavori come un mero svago per solitari, spesso sono rifugi di piacere dove le persone riescono ad identificarsi - e farsi identificare - a pieno, in quell'immagine che le rappresenta là dentro.

Sostanzialmente quell'immagine non è solo come si desidera apparire, ma è anche come quella persona ha desiderio di integrarsi in quel mondo. E il suo aspetto - ancor più che nella realtà - dice agli altri cosa gli piace, se fa sport o se ama gli animali. Se per esempio mi piace andare in moto, potrò far indossare al mio avatar tridimensionale un bel casco e il completo, senza però morire di caldo e senza venir presa per folle, cosa che potrebbe succedere nella realtà se provassi ad andare al cinema così.

Il nostro avatar così diventa un mezzo di comunicazione molto più efficace di quello che potrebbe essere il nostro corpo nella realtà, andando ben oltre i canoni estetici, ma dando l'opportunità di riflettere le nostre passioni e i nostri gusti liberamente.

Per di più, il fatto di avere un corpo (anche se digitale), determina un rapporto specifico con le persone con la quale stiamo a contatto virtualmente. Abituàti da sempre a rivolgerci primamente ad un corpo che ad una persona (e se ci relazioniamo con una voce, diamo per scontato che ci sia anche un corpo), trasportiamo questo modo di vedere anche nei mondi virtuali. La fisicitá in generale è un punto di riferimento visivo necessario affinché si possa ritenere vera quella persona. E l'avatar esegue esattamente questo compito. Anche se non rappresenta quella persona come nella realtà, lo fa con le regole fisiche imposte dal mondo dove si comunica. Ciò è sufficiente a rendere l'avatar come parametro di autenticità e identificazione, perché risponde alla necessità di un feedback visivo. A trattare il tema dell'identità virtuale con un'impronta cinematografica, è la recentissima serie Prime "The Peripheral" (2022). Fratello e sorella si sostentano facendo da tester ad applicazioni e giochi nella realtà virtuale. Così ricevono da una ditta misteriosa, una proposta di test per un gioco particolarmente stimolante. Attraverso un visore fornito dall'azienda, un po' diverso dalle attuali scatolette, è possibile collegarsi attraverso quello che si scopre essere un corpo sintetico. La particolarità di questo visore - e di questo corpo - è la sensazionale possibilità di utilizzare i sensi. Infatti attraverso il visore, che non si collega solo con la vista ma con il cervello, si possono sentire sensazioni tattili reali come il vento sulla pelle o il dolore, uno dei primi dettagli svelati all'inizio della serie. Il corpo sintetico, anche se sensibile, è stato costruito in maniera tale da essere più resistente e forte rispetto ad un essere umano (altrimenti quali sarebbero i vantaggi?).

I protagonisti, nel momento in cui entrano a far parte di questo corpo e di questo universo, nel loro universo reale è come se fossero in coma. Tuttavia, in quell'altro sono pienamente coscienti di sé e tutti gli avvenimenti vissuti li ricordano anche nella loro realtà. Un aspetto interessante analogo al nostro discorso, è come Flynne (la sorella tra i due protagonisti) nella sua realtà sia una ragazza docile e premurosa. Quando invece indossa il visore, indossa anche una sua versione da femme fatale, una donna - se pur giovane - dai capelli raccolti in modo sofisticato, veste un completo aderente del futuro e porta un rossetto rosso. Utilizza abilmente armi e le arti marziali, e tutto questo sembra comunque metterla a suo agio. Le persone con le quali interagisce la conoscono in quel modo, e ciò fa di quel corpo l'esatto parallelo del suo corpo reale.

Note

[1]Una persona fisica è qualsiasi essere umano con diritti e doveri, quindi soggetto di diritto

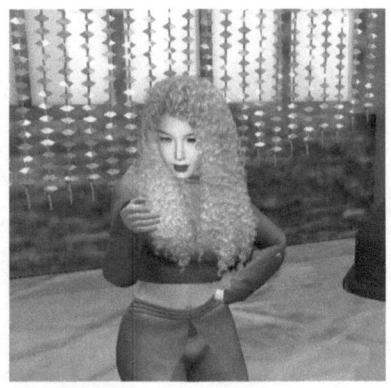

Io virtuale

stisci la tua identità digitale

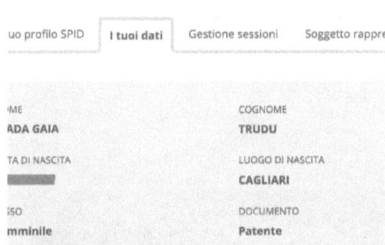

uo profilo SPID	**I tuoi dati**	Gestione sessioni	Soggetto rappre

ME	COGNOME
ADA GAIA	**TRUDU**
TA DI NASCITA	LUOGO DI NASCITA
	CAGLIARI
SO	DOCUMENTO
mminile	**Patente**

Io digitale

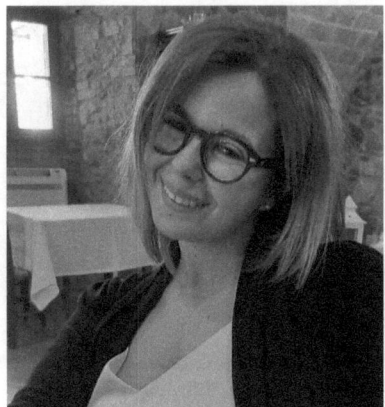

Io reale

52

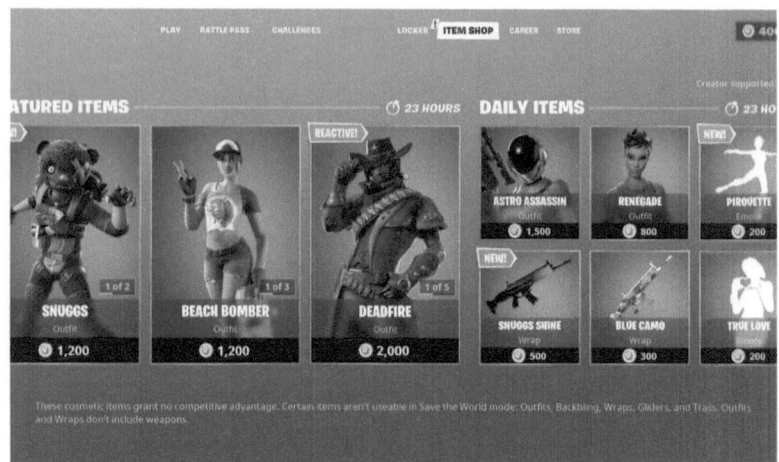

Fortnite, outfit a pagamento

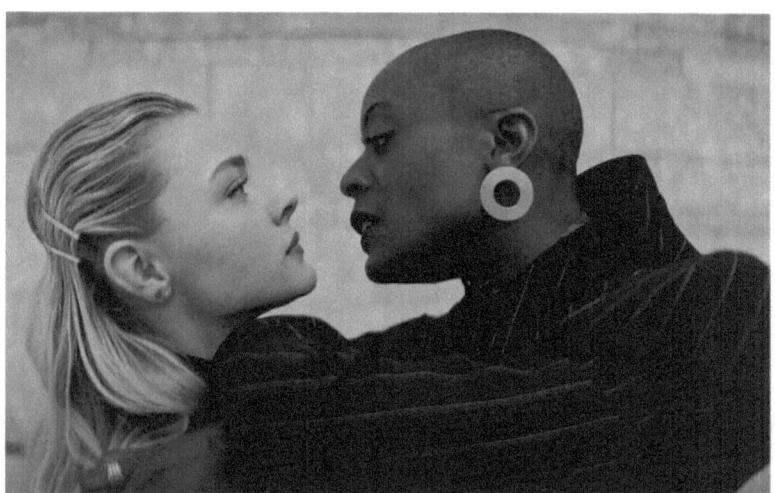

The peripheral (2022), a sinistra Flynne nel suo corpo sintetico

Capitolo settimo

Realtà

"*Paragona la condizione della nostra natura, rispetto al sapere e all'ignoranza, alla seguente immagine. Pensa di veder degli uomini in una sotterranea dimora a forma di caverna, il cui ingresso, aperto dalla parte della luce, sia largo tanto quanto è larga la spelonca stessa: là essi sono sin da fanciulli, gambe e collo incatenati, tanto che non si possono muovere, né guardare altrove se non dinanzi a se stessi, poiché i legami impediscono loro di volgere intorno la testa: lontana, alta, dietro loro, risplende la luce di un fuoco: tra il fuoco e i prigionieri, in alto, passa una strada, e, lungo questa via, è costruito un muricciolo, simile a quei ripari che i burattinai innalzano fra sé e gli spettatori, e al di sopra del quale mostrano le loro marionette. [...] Immàginati ora, lungo questo muricciolo, uomini che portano su sé oggetti di ogni sorta, oggetti che sorpassino il muro, statuette raffiguranti uomini ed altri animali, di pietra, di legno, d'ogni forma, ed immàginati che alcuni di questi portatori parlino, altri invece se ne stiano zitti.*"

La Repubblica, VII libro, Platone

55

Con il mito della caverna, Platone, rivolgendosi all'amico Glaucone, vuole analizzare quelle che per lui sono le forme più pure di conoscenza e ignoranza, che designa rispettivamente al bene e al male.

Ma quello che per noi è importante in questo discorso, sono gli avvenimenti che lo descrivono piuttosto che la morale politica. Nella citazione sopra, Platone racconta di uomini imprigionati sin da fanciulli, obbligati da delle catene a mantenere sempre il volto rivolto verso la parete della caverna; attraverso un fuoco dietro i prigionieri, a sua volta dietro un muretto, degli altri uomini, utilizzando degli oggetti, mimano delle scene. Per loro queste scene sono figure reali che si muovono sulle pareti, e Platone non aspetta a rivelare che si trattano nient'altro che di ombre, mimate volontariamente da altri, quegli altro che lui stesso definisce burattinai[1]. Più avanti il filosofo offre l'ipotesi di provare a tirare fuori dalla caverna uno di questi prigionieri. Le prime osservazioni che solleva sono che il prigioniero, alla sua prima vista della luce, proverebbe disagio, perché abituato da sempre al buio della caverna, ma che con il tempo questo disagio sarebbe svanito, lasciando all'uomo liberato l'opportunità di vedere la vera realtà delle cose. All'ascesa del prigioniero, segue successivamente il presunto desiderio di tornare dai suoi compagni, ancora legati dentro la caverna, per dir loro di abbandonare quel luogo in quanto rimanere lì, avrebbe significato rinunciare alla vera conoscenza (al bene). Però il mito racconta che i compagni decidono di rifiutarsi: hanno perso fiducia nel compagno. Ormai questo, abituato agli spazi luminosi, una volta ritornato all'interno della caverna, non riusciva più a distinguere immediatamente le ombre sulle pareti, convincendo così gli altri prigionieri, che l'essere uscito gli avesse causato una sorta di cecità, rendendolo ridicolo e inutile, un rischio che non valeva la pena correre. Oltre a descrivere un preciso sistema di azione politica, questo discorso ricorda analogamente, ciò che definisce il nostro modo di distinguere la realtà dalla realtà virtuale. Se ora vi chiedessi, quale è per voi la caverna, tra realtà e realtà virtuale, e qual è il di fuori della caverna, sapreste rispondermi? In realtà, per fare un gioco di parole, sbagliamo nell'analizzare le due cose prendendo come punto cardine la distinzione di Platone tra bene e male. È chiaro e risaputo che senza l'uno non esiste l'altro ma dovremmo fare una riflessione su cosa per noi è bene/male, realtà/realtà virtuale e cosa invece è per gli altri. La conoscenza è sicuramente un bene, soprattutto nei termini politici che pone Platone, cioè avere la conoscenza per distinguere un'ombra dalla realtà. Però ricordiamoci ciò che invece ci ha insegnato la filosofia orientale con lo yin e lo yang, che ogni cosa ha il suo opposto, ma che ogni cosa non è pura, ma contiene il seme dell'opposto. Così è la conoscenza e così è l'ignoranza. Così è la realtà e così è la realtà virtuale. In quest'ultima possiamo apprezzare quel sapore di innovazione, di bellezza e stupore, tutto ciò che la vita reale non può darci ma che in realtà ci sta dando attraverso questa nuova dimensione fisica. Oltre al concetto dualistico di bene e male, è evidente l'analisi di due mondi diversi, uno reale (fuori dalla caverna) e uno fittizio (le ombre che appaiono vere). È necessario abbinare il concetto a ciò che è stato detto in precedenza. Per i prigionieri le ombre sono reali tanto quanto per il liberato lo sono le cose fuori. Ma si potrebbe dire che le ombre sono solo una proiezione rispetto agli uomini che le creano. In un certo senso potrebbe, se lo leggiamo dal punto di vista morale della nostra realtà, ma se invece per i prigionieri i burattinai e il fuoco corrispondessero ai nostri dei e al nostro sole? Ciò che racconta Platone è sicuramente una situazione irreale (così gli fa notare Glaucone) che crea ad hoc per spiegare ciò che voleva fosse capito. Che però solleva un altro quesito, ovvero quello sulla nostra concezione di reale. Per Platone però la conoscenza si divide in due, quella intelligibile come certa e immutabile, ed una sensibile, tutto ciò che si acquisisce con i sensi ed è perciò soggettivo. Dunque, secondo questo ragionamento, possiamo definire intelligibili gli atomi che compongono il nostro corpo, e tutto ciò che è scientificamente provato. Mentre la realtà sensibile potremmo definirla non come una cosa a sé ed uguale per tutti, ma come noi percepiamo l'intelligibile. Quando parliamo di realtà virtuale, non stiamo parlando di percezioni, bensì di un mondo diverso, con la sua parte intelligibile e sensibile. Non potrà mai essere la proiezioni delle ombre, anche se può apparire un semplice artificio, perché è una realtà diversa, autonoma[2]. E non può nemmeno essere solamente realtà, perché anch'essa ha necessità della percezione (il famoso dualismo).

Prendiamo come esempio qualcosa di più contemporaneo. *Her* (2013) è un film che collega magistralmente filosofia, realtà virtuale e intelligenza artificiale. Theodore, un uomo single che scrive lettere per lavoro, acquista un sistema interattivo con AI[3]. Questo si configura secondo poche domande proposte all'user, per consentire un'esperienza di usabilità più possibilmente specifica. Così nasce Samantha che si rivela quasi immediatamente più intelligente del previsto. Samantha è il sistema operativo che serve a Theodore per mettere in ordine e organizzare la sua vita: ha una voce (proprio come Alexa) ed inizia a comunicare con Theodore in maniera sempre più amichevole. I due sembrano flirtare, sino ad avere un rapporto sessuale verbale, fin quando non decidono di accettare la situazione e mettersi insieme. Theodore ha un'ex moglie con la quale però deve ancora firmare le carte del divorzio. Nel momento in cui si fidanza con Samantha, decide di chiudere con il passato e rivedere l'ex moglie per chiudere. Al loro incontro non manca di raccontare di essersi fidanzato con un'AI, destando disprezzo nella ex. Man mano che passano i giorni, Samantha sembra essere sempre più vera sino ad un certo punto del film dove non si capisce più chi stia usufruendo di chi. Se Theodore stia facendo un'esperienza verbale e di interazione con una coscienza senza un corpo umano, o se Samantha, come coscienza virtuale, stia utilizzando la fotocamera del telefono di Theodore come noi utilizziamo il visore per fare un'esperienza, per accrescersi sempre di più. La fotocamera sono infatti gli occhi di Samantha, ed il telefono il suo corpo quando sono in giro. Si conclude con Samantha che viene aggiornata dal produttore, raggiungendo una consapevolezza di sé come collettività (infatti non comunicava più solo con Theodore ma con altre persone), aumentando notevolmente le sue conoscenze sino a raggiungere un livello inimmaginabile. Saluta Theodore e sparisce.

Raccontare la trama è stato fondamentale se vogliamo continuare il discorso sulla realtà. Theodore acquista un sistema operativo dotato di AI affinché questo lo aiuti, ma ne viene sentimentalmente sopraffatto. Per lui Samantha era reale, per la ex moglie invece sembrava una follia, una sorta di offesa verso di lei. Questo perché le AI nascono per servire, perciò, seguendo un ragionamento di causa-effetto, secondo l'ex moglie Theodore non desiderava una compagna ma una schiava, accusandolo così della conclusione del loro rapporto. Questo tipo di accuse fanno vacillare Theodore, che si pone il dubbio che quell'amore non abbia senso. Tuttavia, i suoi sentimenti per Samantha sono reali, e anche Samantha sembrava non fingere. Ora, analogamente a quanto scritto sopra, quale delle due realtà sta usufruendo dell'altra? Samantha, alla sua sparizione, ha raggiunto un livello altissimo di conoscenza, un'ascesa, esattamente come succede nel mito di Platone. Un altro interessante tassello di quest'opera cinematografica, è l'incontro tra Samantha e la coscienza virtuale del filosofo Alan Watts.

"La mia mente cosciente deve aver radici e origine nelle più insondabili profondità dell'essere, eppure ha l'impressione di vivere per conto proprio in questo minuscolo cranio a chiusura ermetica.
Nondimeno la realtà fisica è che il mio corpo esiste soltanto in rapporto a questo universo, e di fatto sto attaccato a esso e ne dipendo come la foglia sull'albero. Mi sento tagliato fuori solo perché cerco di dividermi dai miei sentimenti e dalle mie sensazioni. Perciò essi mi sembrano estranei. Ma se sono consapevole dell'irrealtà di questa divisione l'universo non mi sembra più estraneo. Giacché io sono ciò che conosco; ciò che conosco è io."

La saggezza del dubbio di Alan W.Watts, *la trasformazione della vita*
pagina 87

Watts per Samantha diventa un maestro "di vita". Ne legge e comprende gli scritti tanto da evolversi definitivamente. Watts nei suoi scritti determina due cose fondamentali per Samantha: analizza la materia di un sistema elettronico e neurale e determina che sono fatti della stessa minuscola materia, fondamentale per Samantha, per eliminare quel senso di inadeguatezza nel non avere un corpo. Un altro pensiero del tutto buddhista di Watts che Samantha riesce a studiare, è la riflessione interiore sul bisogno delle persone di confinare solitamente l'ansia e l'insicurezza nel capriccio di voler piegare la realtà alle necessità, portando Samantha ad un'analisi di sè stessa. Questo accade perché si tende a dividere mente e corpo, proprio come Samantha si percepisce e viene percepita da Theodore. La filosofia di Watts insegna infatti che l'essere umano vive in un costante senso d'ansia perché organizza la sua vita su due dimensioni temporali che, o non ci sono più (il passato), o devono ancora arrivare (futuro). Infatti si è spesso influenzati pesantemente dal passato, e preoccupati per l'imminente futuro. L'insegnamento di Watts è quello di guardare al presente, perché il passato è appunto qualcosa di lontano e già vissuto, il futuro è incerto e tale rimarrà sempre, anche davanti a delle pianificazioni.

Note

[1]poiché i legami impediscono loro di volgere intorno la testa: lontana, alta, dietro loro, risplende la luce di un fuoco: tra il fuoco e i prigionieri, in alto, passa una strada, e, lungo questa via, è costruito un muricciolo, simile a quei ripari che i burattinai innalzano fra sè e gli spettatori, e al di sopra del quale mostrano le loro marionette.

[2]teorie antropocentriche. Noi consideriamo autonoma la nostra realtà perché capace di esistere senza l'essere umano. Ma senza l'essere umano non esisterebbe la concezione di realtà. Esattamente così funziona la realtà virtuale. È autonoma nel momento in cui i suoi dati vengono contenuti da un sistema, ma diremo che non necessita dell'essere umano per essere online, ma che è stato necessario per la sua creazione. Per quanto consapevoli che la realtà virtuale è una realtà artificiale, ancora non possiamo sapere chi o cosa ha generato quella che consideriamo realtà.

[3]l'AI o IA in italiano, acronimo di intelligenza artificiale, è un sistema informatico intelligente, capace di interagire con l'essere umano, elaborando richieste singolari e non preimpostate. Apprende, si autocorregge e ragiona a seconda della richiesta pervenuta. ChatGPT è una forma di intelligenza artificiale, Alexa no, è solo un assistente digitale preimpostato, un po' come la graffetta di Microsoft Word (Clippy).

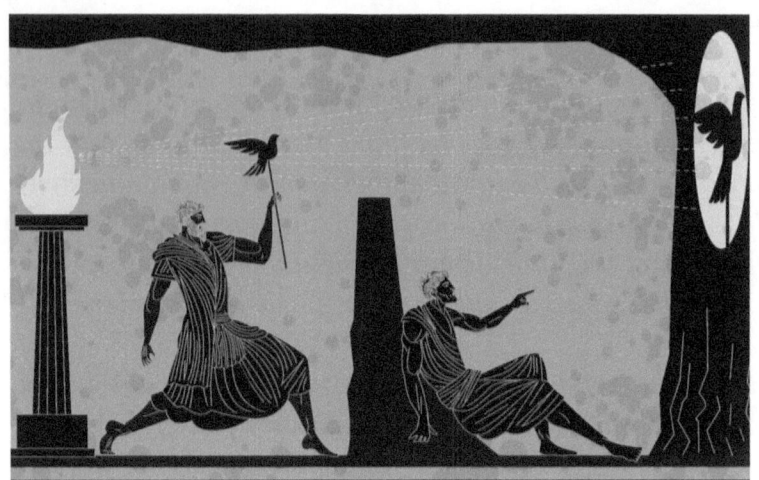

Rappresentazione del mito della caverna

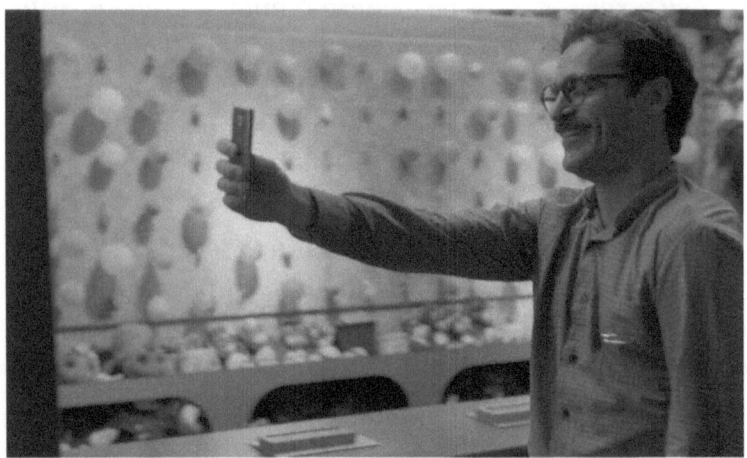

Her (2013) Theodore alla fiera con Samantha

ottavo capitolo

Finzione

È facile, parlando di realtà virtuale, incappare sul discorso della finzione, quel passo poco dopo la simulazione. Perché se con simulazione intendiamo lo scimmiottare usi e costumi della realtà, con finzione ci spostiamo in una visione legata al cinema e al teatro. Con finzione infatti si intende tutto ciò che sul momento non è vero o che non potrà mai esserlo per motivazioni logiche, scientifiche o di altra natura.

Se indossiamo un visore HMD e improvvisamente vediamo un drago che ci sputa del fuoco addosso, capiamo che quella non è una simulazione, bensì una forma di finzione. Perché? Il fatto di essere un elemento fantastico, rende tutta la scena un momento di finzione. Ciò non significa però che il drago non possa essere un elemento reale in un mondo virtuale. Allora in quel caso si può ancora parlare di finzione? Come abbiamo già detto, la finzione consiste nel distinguere ciò che non esiste da ciò che esiste. Se dunque pensiamo che esista un drago che possa realmente sputarci del fuoco in faccia perché lo abbiamo visto in VR, stiamo confondendo due mondi diversi. Si può parlare di finzione quando gli elementi interessati si relazionano con la realtà comune, di simulazione quando si imita per uno scopo reale la realtà, e di realtà virtuale quando quel drago ha le coordinate in un mondo diverso, e non pretende di bruciarci davvero il naso (magari lo brucia all'avatar). La finzione, per rimanere tale, non deve comprendere delle conseguenze, altrimenti diventa altro. Si può definire un luogo momentaneo, pari alla realtà virtuale come autonomia, dove però niente è reale e questa irrealtà è solitamente conosciuta. In *The Truman Show* (1998), Jim Carrey veste i panni di Truman Burbank, il protagonista inconsapevole (come personaggio) e consapevole (come attore) di uno show televisivo. Una matrioska di pura finzione. Truman non sa che la sua vita è una finzione, che il suo mondo è uno studio televisivo e che ogni suo respiro è osservato da migliaia di persone. Un po' come i prigionieri del mito della caverna di Platone consideravano le ombre realtà, Truman considerava quel mondo la realtà, cambiando il concetto stesso del termine, dandogli così una valenza soggettiva. Dunque si può definire finzione tutto il contrario di ciò che si considera realtà. Per questo la realtà virtuale non si può definire nel concetto di finzione, perché non si definisce una forma non vera della realtà, bensì un forma diversa, alternativa casomai. Se realtà e realtà virtuale le consideravamo su due linee parallele sovrapposte e con almeno un punto d'incontro, la finzione si può definire in un quadrante matematicamente negativo, dove x e y (rispettivamente tempo e spazio) diventano -x e -y. Così definendo la finzione come qualcosa che non esiste ma che comunque consideriamo in relazione alla realtà, esattamente come i numeri negativi[1].

Truman però, alla fine del film ribalta la situazione. Si rende conto che la finzione era quella che ha sempre considerato realtà (simile al mito della caverna). Perciò a distinguere ulteriormente verità e finzione, è la presa di coscienza. Laddove questa non esiste, non esiste nemmeno il concetto di finzione, perché tutto è realtà. È curioso osservare come tutto ciò che viene considerato finzione nella realtà virtuale, lo è anche nella realtà e viceversa. Questo accade perché sia la realtà virtuale che la realtà ricalcano le stesse unità di tempo e spazio (1:1), pur distinguendosi per regole diverse. Lo stesso tempo e spazio che si vive nella realtà lo si vive nella realtà virtuale anche se in forma diversa. La finzione è la parte speculare negativa di tempo e spazio, che ricalca fedelmente e ne nega l'esistenza (oltre a confermarla implicitamente).

Note

[1]Posso dire di avere 1 mela ma non di avere -1 mela, se prima non dichiaro di averne una, in quanto -1 vale in rapporto a 0. Come la finzione è tale in rapporto alla realtà.

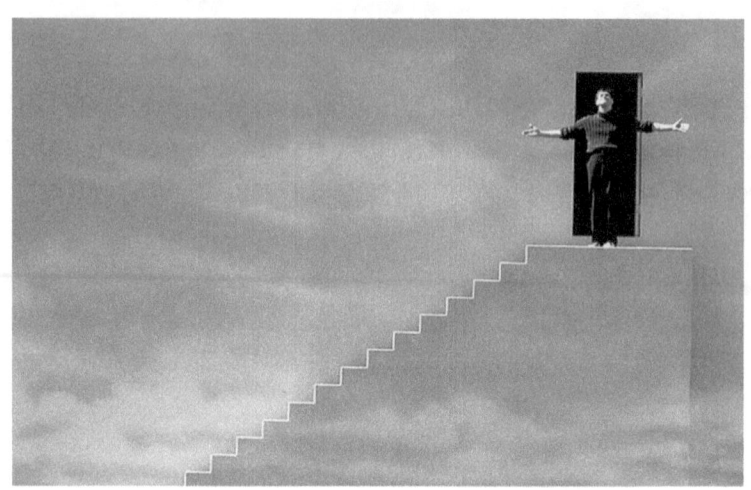

The Truman Show (1998) Truman esce finalmente di scena

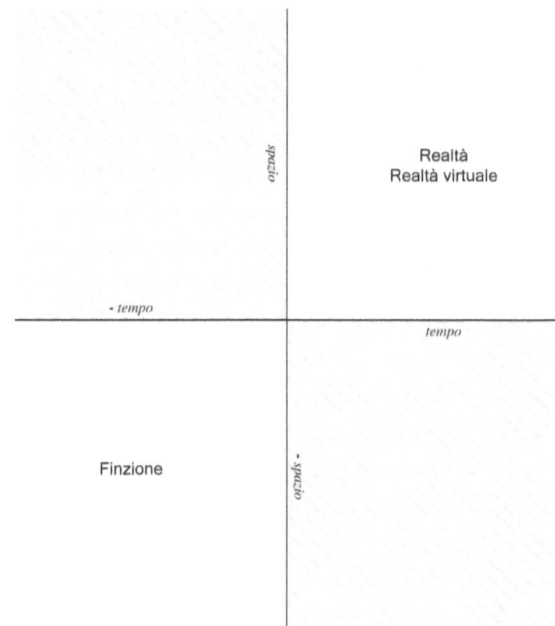

Collocazione di realtà, realtà virtuale e finzione nello spazio e tempo

nono capitolo

L'arte nella realtà virtuale

Era il 1957 quando è stato fondato a Cosio d' Arroscia l'Internazionale Situazionista, un movimento filosofico e artistico che sentiva il bisogno di cambiare il modo di vivere la vita. Ma che c'entra con la realtà virtuale un movimento che ha più di sessant'anni? Pinot Gallizio, l'inventore della pittura industriale, è il nostro punto cardine. Il suo lavoro si svolge interamente seguendo la pratica del détournement, la deriva situazionista, dove tutto il movimento si appoggia per abituare le menti ormai alienate dall'unico e comune, ad una apertura mentale che esplora spazi e pensieri differentemente. Così Pinot Gallizio, convinto di quanto l'arte stessa fosse alienata da un sistema di compravendita, realizza con diverse tecniche e su lunghe tele industriali, solitamente vendute al metro, quella che oggi chiamiamo pittura industriale. Quella che è la pratica del movimento, si concretizza nella svalutazione dell'arte stessa con la svendita di quei pezzi di pittura, ma anche nella sua banalizzazione, sminuendo l'arte nel suo mero utilizzo decorativo, impiegandola nella tappezzeria, nel tessile e nell'arredamento. Anche se questo gesto non ha cambiato il modo di vedere l'arte nel tempo, non ha abbattuto il mercato perché è il mercato stesso a determinare l'opera, ha comunque segnato un pezzo di storia che ci ricollega a quella che è l'arte nel web, e più avanti vedremo, nella realtà virtuale.

Eva e Franco Mattes, o conosciuti come 0100101110101101. org, è l'attuale nome d'arte di due artisti contemporanei, noti per le loro opere che creano un ponte tra il mondo reale e internet. Un esempio abbastanza recente è Half Cat (2020), la scultura di un gatto noto sul web come meme, realizzata nello spazio reale. Anche la Quadriennale di Roma sente la necessità di descrivere i due artisti con quest'opera, per il semplice motivo che la sua iconicità rappresenta quel divertente cortocircuito tra la realtà ed il web.

"[...]Il meme deforma la realtà nell'immaginario condiviso dell'online, e a sua volta viene riportato nel reale attraverso un'operazione artistica che immortala un fenomeno digitale nella forma tradizionale della scultura."

quadriennalediroma.org

Un'altra opera, nota per aver beffato molti tra gallerie, curatori e critici, è stata l'invenzione di Darko Maver. Darko, un artista serbo, compare improvvisamente sotto gli occhi di tutti, con delle macabre installazioni sulla guerra in Jugoslavia.

Criticato dalla stampa per il suo modo crudo di fare arte, e dopo la distruzione di una sua opera, diventa il paladino contro la censura. Viene successivamente trovato morto nel carcere di Podgorica, non si sa se per mano sua o di qualcun altro. A documentare ciò una foto del suo cadavere comparsa sui giornali. Tuttavia Darko Maver era quello che oggi riterremo un fake, un'identità che non esiste manovrata da un'altra persona. A dichiararlo sono stati proprio Eva e Franco nel febbraio del 2000, ricalcando le orme del situazionismo:

"Il museo è un vero e proprio tempio dove l'arte viene celebrata, falsificata e degradata, così come il carcere degrada la vita rendendola irriconoscibile. E il teorema, ancora una volta, si dimostra esatto: un artista (un'identità), uno stile, le opere... e il sistema è pronto ad assorbire tutto e trasformare la vita in merce... tutto questo non accadrà a Darko Maver"

0100101110101101.org e Luther Blissett

Arte uguale merce. Questa era ed è la visione dell'arte dalla fine degli anni '50 ad oggi. Ma prima ancora del situazionismo, a parlarne è stato Walter Benjamin con il suo testo del 1936 "L'opera d'arte nell'epoca della sua riproducibilità tecnica". Benjamin analizzando a fondo i cambiamenti industriali, soprattutto a livello di quantità e velocità di produzione, ha messo in luce come l'arte si sia omologata a quei nuovi sistemi di catene di montaggio presenti nell'industria, dove l'arte si presta ad essere un mero prodotto da riprodurre in serie per accontentare l'ampio pubblico, e la sua catena di montaggio è quel sistema che oggi chiamiamo dell'arte. L'opera d'arte non è più *hic et nunc*, da vivere in quel momento, in quel luogo, in un senso di intimità con il pubblico. Non è più unica e le sue falsificazioni sono inutili perché è cambiata la sua fruizione. La società dei consumi riflette infatti un'arte non vissuta e nemmeno consumata nel suo termine poetico, bensì usa e getta. Non racconta più ma si fa utilizzare, è un'arte passiva.

Così, con le nuove tecnologie e la migrazione degli artisti sul web, il mondo dell'arte sembra che voglia porre rimedio a questa perdita di unicità. Così attorno al 2018 nascono gli NFT, non fungible token. Gli NFT sono dei token, dei gettoni che certificano la proprietà e l'autenticità di un bene digitale o reale. È come se tutto potesse avere un'impronta digitale. Gli NFT vengono utilizzati tantissimo nei mondi virtuali, soprattutto per vendere opere d'arte, avatar personalizzati, tutto ciò che corrisponderebbe al vecchio lavoro dell'artista e dell'artigiano. Un'opera d'arte digitale non potrebbe più essere copiata, incollata o screenshottata. Però riemergerebbe il problema dei falsari che potrebbero essere gli stessi proprietari dell'opera. Come? Semplicemente creandone copie leggermente diverse così da poterle registrare con codici diversi e venderle in molteplice copia, illudendo il compratore che si tratti di un'opera unica. Questo soprattutto con tutto ciò che è digitale. Basta un minimo valore per cambiare l'identità ad un elemento. Ciò che può salvaguardare l'acquirente è blockchain, il registro pubblico dove ogni NFT è registrato con il suo codice e a seguire con il nome del proprietario, in piena trasparenza. Sembra risolto il problema dell'unicità, ma lasciando sempre quell'odore di consumismo. Quando Benjamin si riferiva alla perdita di unicità, non intendeva addossare la colpa interamente alle nuove tecnologie, bensì al problema che da lì a presto avrebbe permesso al situazionismo di definire le persone alienate. La fotografia ben presto diventa di uso comune, chiunque può fotografare anche senza un'indagine artistica, senza tecnica, solo per lo scopo di vendere un prodotto che funziona esclusivamente nel mondo del marketing. Lo vediamo ancor meglio oggi, dove la fotografia è passata dall'utilizzo di molti ad uno strumento per tutti. Laddove infatti c'è guadagno, si semplificano sempre più gli strumenti, e tutto il resto scompare, come scompare spesso la qualità. Il mondo dell'industria oltre alle tecnologie, ha portato nuovi ritmi e tempi di fruizione che in un mondo consumista devono essere veloci affinché possa sopravvivere. Così le immagini si scorrono con un dito, i testi si accorciano o si omettono, gli oggetti danneggiati o rotti si buttano per dare spazio ad altri. È continuamente in atto un processo di duplicazione, sostituzione e alienazione, esattamente come Andy Warhol proponeva in maniera sincopata le icone della televisione. Se un qualcosa piace per un qualche motivo, l'attuale sistema fa in modo che possano desiderarlo tutti in una società ormai abituata ad avere ciò che desidera grazie al denaro, pena la frustrazione. Così il problema dell'arte è spesso l'arte stessa. Perché laddove rientra nel gusto comune, spesso si riduce ad oggetto feticcio, desiderato da tutti e così, per forza di cose, ridotto ad un oggetto industriale nel significato, pur di guadagnare del denaro. Sostanzialmente, se creo qualcosa di unico come risultato di una ricerca artistica e filosofica, ne posso creare altri cento per venderli, ma non 101 perché la mia manualità si ferma, ha un limite. Ma se il mio lavoro è facilmente riproducibile in migliaia di copie, e ogni copia identica all'altra, dove non si distingue un giorno da un altro, che senso ha quel lavoro? Probabilmente per me è un sottolineare cento volte quel concetto, per Wharol significa annullarne il significato, ma per chi lo compra? Per chi lo compra è assecondare un vizio, quello di potere e volere tutto, basta pagare. Così l'opera d'arte perde la sua aurea, come definisce Benjamin, e quel rapporto di esclusività con il pubblico. È ormai un sistema sfuggito di mano e al quale molti non vogliono e possono più rinunciare.

Ritornando al discorso degli NFT, è necessario citarne alcuni diventati particolarmente celebri tra creatori e acquirenti.

Come il Bored Ape Yacht Club, una collezione di diecimila NFT dello Yuga Labs in vendita sul mercato dal 2021. Ogni NFT corrisponde ad una scimmia con una determinata linea grafica ma da alcuni aspetti scelti totalmente random, come espressioni, abbigliamento e accessori. Avere uno di questi Ape significa far parte di un club esclusivo, o meglio, permettersene uno significa avere tanto denaro. Un po' come un tempo le famiglie nobili possedevano il proprio ritratto, la valenza sociale è la stessa. Per curiosità ho voluto cercare quanto costasse uno di questi NFT venduti in questo club esclusivo. Accendendo prima al loro sito, sono stata successivamente reindirizzata a opensea.io, un marketplace digitale per opere "particolari". Ho dunque constatato che una scimmia, tra le meno costose, può costarmi 31,5 ethereum cioè ben 53494,88 euro. Entrando nel dettaglio, si può notare con trasparenza da parte del sito, come il prezzo sia lievitato da 2,1 ETH (3566,33€) al prezzo base di una buona berlina. Oggettivamente stiamo parlando di opere d'arte, non importa quanto elaborate. Ciò che rende appetibili queste scimmie non è la mano dell'artista, l'abilità, bensì lo status sociale che queste comunicano. È un po' da paragonarsi a ciò che è diventata la fotografia oggi. Non si scatta più per fare foto belle, ma si scatta per documentare di aver partecipato a qualcosa di sensazionale. Perciò anche la fotografia comunica "io ho visto/fatto questo perciò consideratemi in questo modo".

Se provate a fare una ricerca su google per trovare un'opera NFT tanto "valida" da valere una cifra importante, non la troverete. Questo perché attualmente, ciò che interessa maggiormente è a quanto più si vendano queste opere. Maggiore è il prezzo d'acquisto, maggiore è la sua fama.

Sostanzialmente, se dovessi realizzare un'opera e questa venisse venduta per trenta milioni di euro, sicuramente passerebbe tra le opere più in evidenza. Constatato che gli NFT sono ancora un modo acerbo di certificare l'arte, spostiamoci nella dimensione della realtà virtuale, dove spesso l'arte è un regalo di grandi menti, ed è pura sperimentazione.

[...] "Come va la vita in Microsoft Office?" ... "l'imitazione è divertente, ma è solo il 'colore di sfondo' di ogni possibile comportamento. Lo sto esplorando." ... "Supera la timidezza iniziale, comprati un paio di scarpe e scoprirai di avere già due amici che ti salutano appena accedi. Uno è un architetto in cravatta, l'altro è un Puffo, tutto blu: il primo è probabilmente un consulente finanziario del Texas, il secondo è un fisico che lavora al Cern." ... "l'unica cosa che davvero non sopporto in SL è andare al cinema. Lo trovo molto inquietante per un avatar che vive già in un ambiente cinematografico." ..."Per me la net.art è come il medioevo selvaggio di Internet... Second Life sembra offrire una prospettiva rinascimentale." ... "Ho dovuto scusarmi in varie lingue." ... "La mia arte consiste nello sperimentare in modo ironico e 'pop' gli aspetti complementari e spesso contraddittori di un 'mondo intero' che, pur essendo abitato da 'pupazzi', ospita almeno un milione di persone. Persone vere." ... "Linden Labs è una società Fluxus." ..."Ho cercato di trovare il limite oltre il quale la mia immaginazione diventava inaccettabile per quella degli altri. Non trovandolo ho continuato con i miei esperimenti, a volte registrandoli. Solo più tardi ho cominciato a chiamare queste esperien-

ze performance in codice, un po' perché alcune azioni o eventi erano programmati usando un codice di istruzioni, un po' perché esploravano dei codici 'importati' del comportamento umano"... diverso: le astrazioni simboliche e la virtualità sono attributi comuni . " ..."Mi sono tenuta lontana dai luoghi ufficiali dell'arte perché sembravano solo modellini in scala di quelli reali. Forse per eccesso di curiosità, ho preferito essere in condizioni di crisi culturale, fare simulazioni di terremoti, o commerciare in armi gravitazionali, in comunità che la vedono come una 'convenzione' per portare la gente al guinzaglio". ... "SL è un vaso vuoto, ma è anche il Living Theater in formato Lego." ... "Le teorie sulla tecnologia del futuro hanno un aspetto datato da un po' di tempo, e per quanto riguarda la virtualità, sto ancora aspettando che qualcuno mi dica di cosa si tratta senza indorare le pillole rosse e blu." ... "Gli avatar... sostituiranno lo specchio del bagno e faranno crollare l'industria dei cosmetici. "In SL i gadget costano più delle opere d'arte, che costano poco. Una buona pistola costa più di un quadro." ... "Lo spazio in SL è sempre claustrofobico. Sarebbe adatto a Bruce Nauman" ... "Cadere da un'altezza di 21.987.987 metri non è così sicuro in RL. [...]"

citazioni tradotte dalle interviste a Gazira Babeli, fonte http://www. gazirababeli.com/TEXTS.php

Prima di parlare del lavoro di Gazira Babeli, è importante ed interessante soffermarsi su alcune delle sue citazioni per capire cosa s'intende per metaverso o realtà virtuale in generale. Una buona pistola costa più di un quadro, infatti su SL gli oggetti particolarmente dettagliati e di buona qualità, sono considerati come un'opera di artigianato, non perché le pistole servano davvero a qualcosa (non hai nemici da sparare, lo puoi fare simbolicamente), bensì perché quell'oggetto ha una valenza che solo in quel mondo può avere. Il primo approccio che si ha in un metaverso è quello di simulazione, che in certi casi permane, in altri svanisce. Infatti spesso permane il desiderio di ricreare oggi reali, anche se poi non hanno una reale funzione, in virtù di un desiderio di possedimento. Sostanzialmente, se creo una villa probabilmente è ciò che desidero anche nella realtà. È lo stesso motivo per cui molti avatar neanche lontanamente ci somigliano, pur avendo tantissimi strumenti per ricrearci virtualmente. La mia arte consiste nello sperimentare in modo ironico e 'pop' gli aspetti complementari e spesso contraddittori di un 'mondo intero' che, pur essendo abitato da 'pupazzi', ospita almeno un milione di persone. Persone vere. è sicuramente un concetto iconico. Mondo intero inteso non come tutto il mondo ma come mondo finito, che ha una sua logica ed è autonomo nella sua identità, e che ospita persone vere che di conseguenza rendono vero anche questo mondo. E per ultima SL è un vaso vuoto, una tra le più belle considerazioni. Con un vaso vuoto puoi farci due cose: lo tieni alla vista e lo contempli, lo spolveri, lo mostri e così via. Altrimenti lo riempi. SL non poteva che essere spiegato meglio. C'è chi entra per parlare, giocare o fruire delle cose che creano gli altri, e c'è chi entra per costruire e riempire di contenuti un mondo che offre tante opportunità di fruizione.

Così, Gazira Babeli è una dei primi artisti a sperimentare nei luoghi costruiti dalla realtà virtuale. Si focalizza sul mondo di SL, creando dei luoghi fruibili di riflessione artistica, spesso violando le regole del mondo virtuale. Un esempio è la mostra virtuale *Collateral Damage* (2007), dove opere come Second Soup, rendono protagonisti i noti barattoli Campbell's resi celebri da Andy Warhol, Questi, ingigantiti rispetto alla loro proporzione con il corpo umano, possono inaspettatamente aggredire i visitatori. Gli oggetti infatti perdono il loro scopo per diventare delle trappole. Gazira, o Gaz, non ha una linea biografica al di fuori di SL. Se infatti si provano a cercare informazioni su di lei, si legge soltanto della sua nascita nel mondo virtuale, il 31 marzo 2006. Non c'è infatti alcun rimando alla persona che invece la manovra nel mondo reale.

Un'altra opera interessante, che ci ricongiunge al capitolo sull'identità, è *Save your Skin* (2007). Su SL non è possibile vendere la propria skin (la pelle con i dettagli ossei o cartilaginei per intenderci), nè modificarla o copiarla; dunque Gaz ruba le skin degli avatar e le mostra nella loro versione grezza (non applicata), mettendo in mostra ciò che nella realtà corrisponderebbe socialmente a mettere in mostra delle pelli umane.

Un altro artista interessante è Marco Cadioli, nei panni di *Marco Manray* (2005), un fotografo documentarista di SL. Marco Manray scatta delle fotografie su SL che raccontano come un nuovo mondo si sviluppa. Immaginatevi se un fotografo avesse immortalato lo sviluppo dell'essere umano sulla terra. Marco Manray ha fatto esattamente ciò con la nascita del metaverso SL. Altro lavoro interessante e più recente di Marco Cadioli è *Living in A Computer Simulation* (2015). Legato sempre al tema della fotografia, "scatta" delle foto della Val Camonica utilizzando Google Earth, le rielabora dandogli quei colori e quei difetti tipici della digitalizzazione, per poi stamparle in formato polaroid, così creando un cortocircuito tra realtà e simulazione. Questo progetto racconta bene cosa distingue la realtà virtuale dalla simulazione della realtà. Foto di foto (l'elaborazione di un'elaborazione) modificate per inserire l'impronta digitale, ma stampate su un (finto) supporto che richiama l'analogico e la storia. Quando si osservano, l'idea è quella di essersi portati una polaroid in un mondo che sembriamo conoscere ma realizzato virtualmente.

Spostiamoci dagli avatar alla vita di Emilio Vavarella, con *The Italian Job* (2014-2022), una serie di tre opere che parlano concettualmente di legalità, diritti d'autore, sfruttamento del lavoro creativo e visibilità. Il primo job è stato rubare una residenza d'artista virtuale e registrarla interamente come creative commons, compresi i lavori degli altri artisti. La residenza rubata è *Embarassment_party*, un collettivo irl + url come si definiscono loro, cioè un collettivo tra vita reale e virtuale, dove The Italian Job è nato ed è diventato parte integrante del progetto. Il secondo lavoro, *An-Archiving Game*, si è trattato di accedere all'archivio fotografico dell'FBI di opere d'arte rubate e di stampare alcune di queste fotografie, dare un testo curatoriale ciascuna, fino a dare vita ad una mostra che parla di lavoro ed immigrazione, per poi vendere le stampe online, con lo stesso metodo che si utilizza per gli NFT. Il terzo e ultimo lavoro, *Lazy Sunday*, consiste in un film di dodici ore di ripresa fissa della soggettiva di Vavarella, realizzato con una camera 360, di una domenica qualsiasi, dal risveglio sino alla notte, rendendo il film un'esperienza di realtà virtuale. Il film è stato reso disponibile solo per un giorno, ricalcando esattamente le tempistiche del girato.

"il mio corpo si fa avatar, virtualmente distante e intimamente vicino"
Emilio Vavarella, THE ITALIAN JOB | Job n.3, Lazy Sunday

L'intimità è quel momento che in questo film sembra sparire, diventa una visione voyeur della vita dell'artista, ma dal suo "interno". Tramite la prospettiva rompe la separazione tra pubblico e privato, crea un cortocircuito dove non si capisce più se stiamo vivendo con lui, spiandolo o assistendo a qualcosa che ci vuole raccontare.

Emilio Vavarella realizza The Italian Job all'interno di una residenza d'artista virtuale, il 12°atelier, un luogo che si unisce agli altri undici atelier IRL del progetto Casa degli Artisti a Milano, arricchendo ancora di più lo spazio di sperimentazione degli artisti che partecipano alle residenze. È notevole come la realtà virtuale riesca ad entrare in simbiosi con la realtà senza sembrare un elemento di offuscamento e di solo intrattenimento. È chiaramente un universo da esplorare più approfonditamente, e i primi a farlo sono gli artisti, coloro che solitamente offrono una mente aperta e alcun pregiudizio verso l'ignoto.

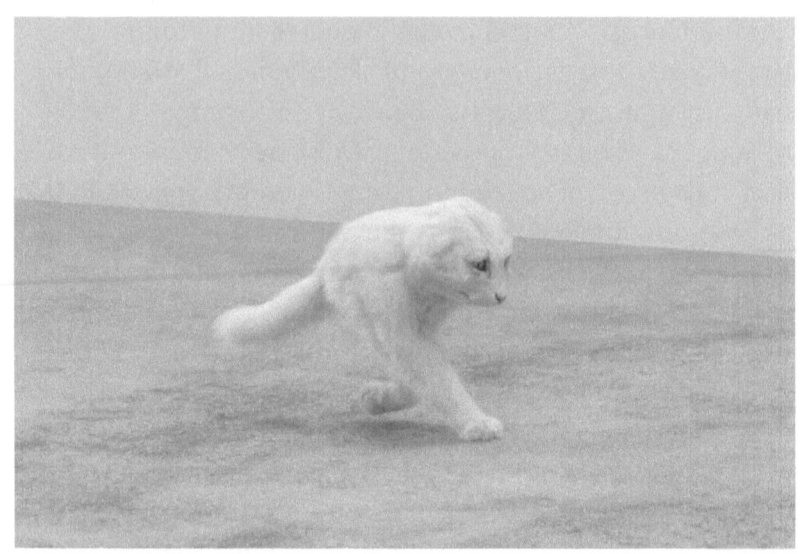

Half cat (2020) Eva & Franco Matters

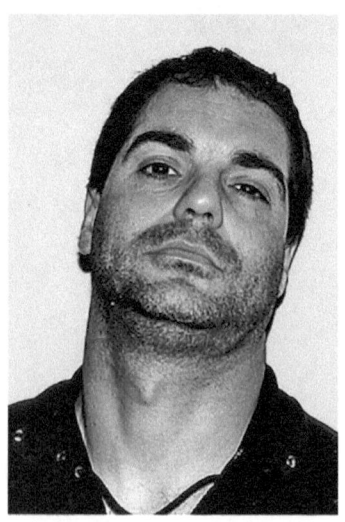

Darko Maver (2020) Eva & Franco Matters

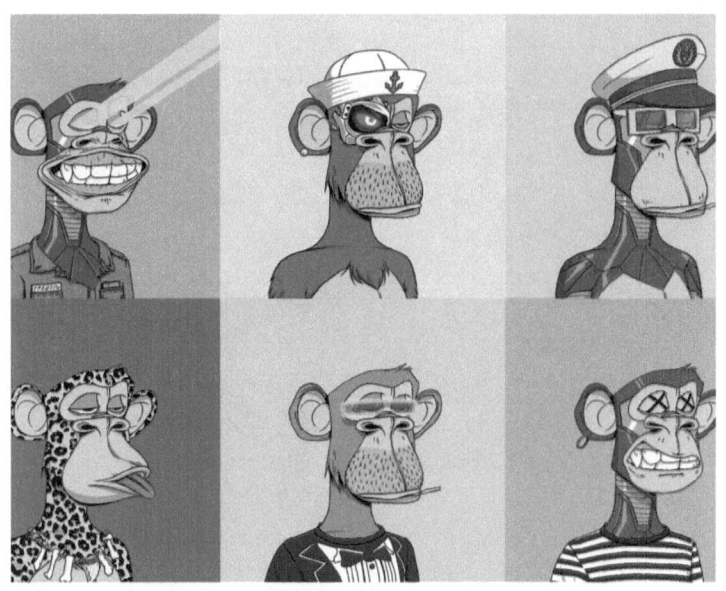

Bored Ape (2021, -) Alcuni NFT dello Yuga Lab

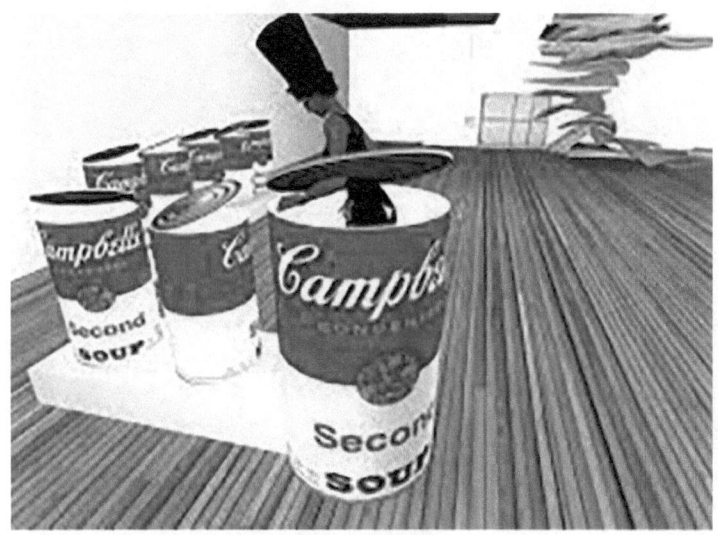

Second Soup (2007) Gazira Babeli

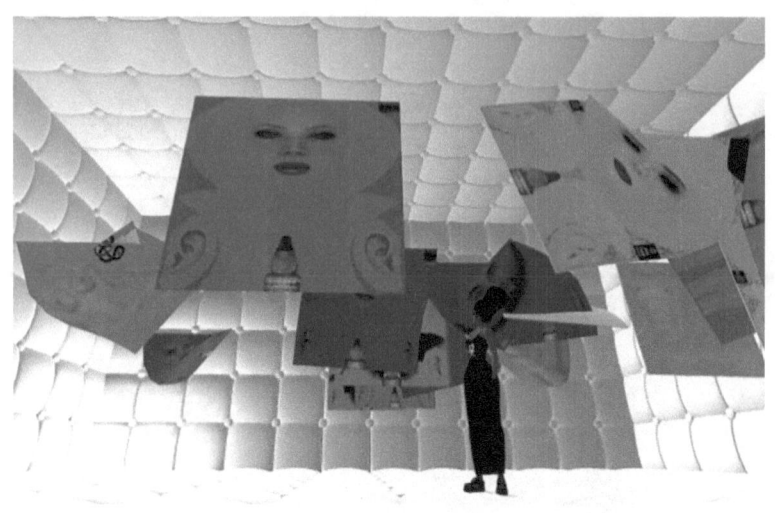

Save your skin (2007) Gazira Babeli

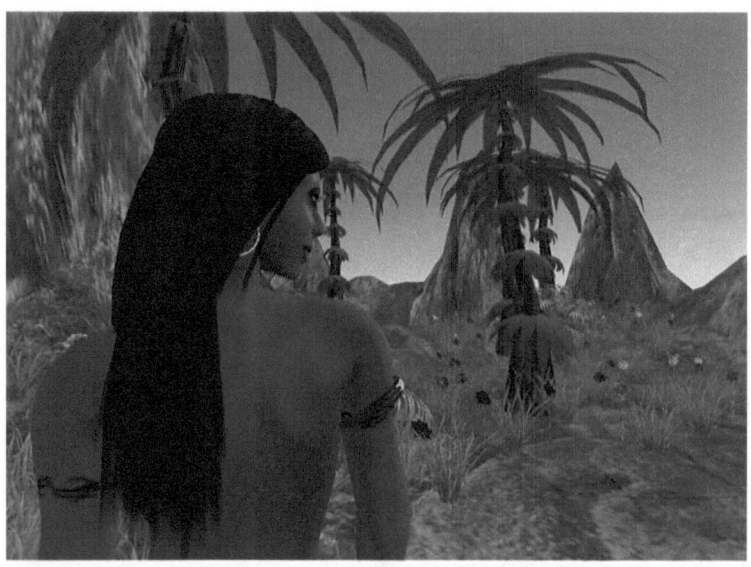

Marco Manray (2005) Marco Cadioli

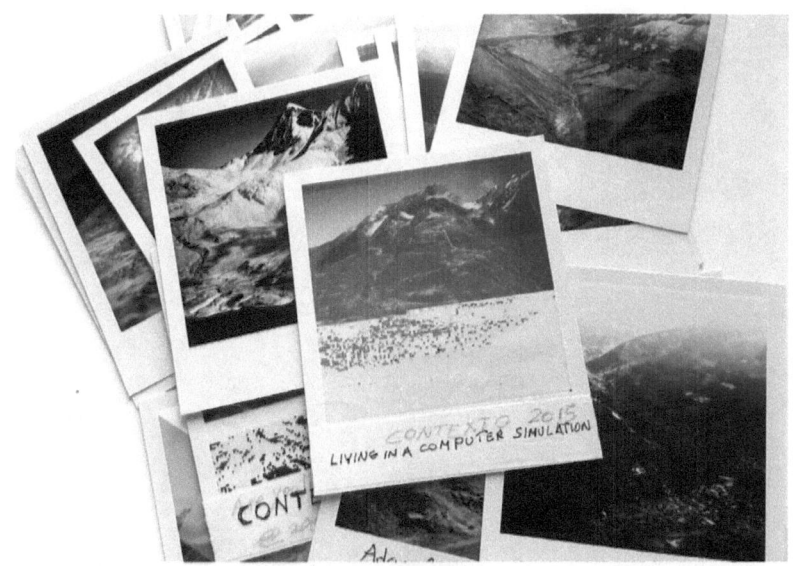

Living in A Computer Simulation (2015) Marco Cadioli

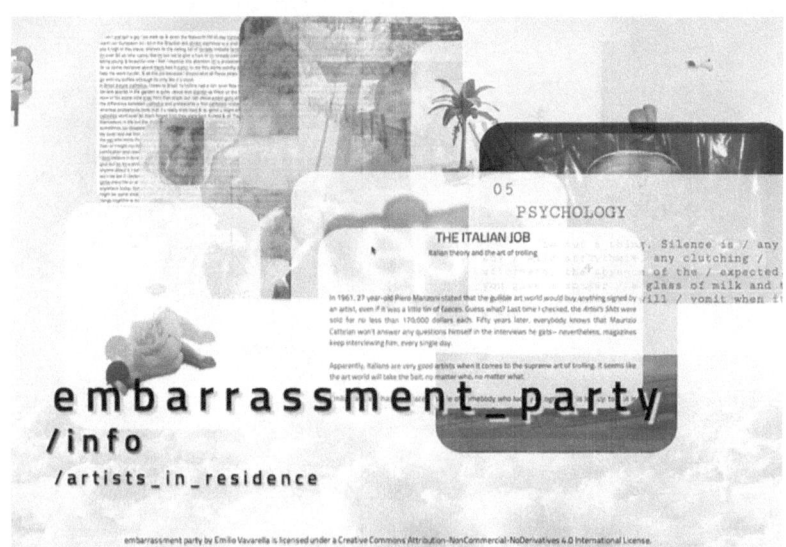

Embarassment party, The Italian Job n.1 (2014) Emilio Vavarella

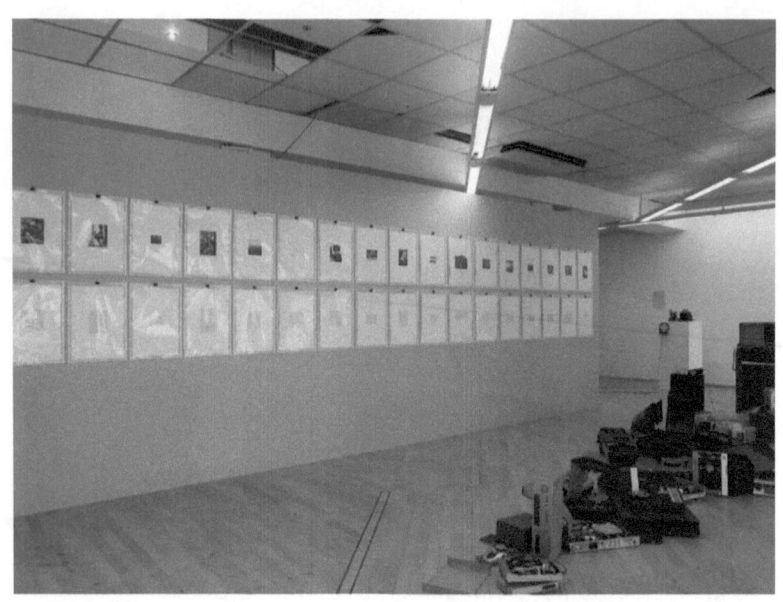

An-Archiving Game, The Italian Job n.2 (2014) Emilio Vavarella

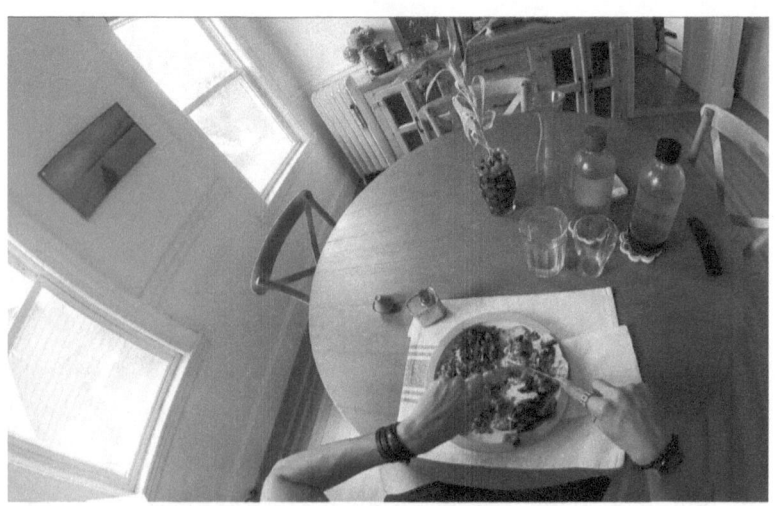

Lazy Sunday, The Italian Job n.3 (2021) Emilio Vavarella

decimo capitolo

La realtà virtuale come mezzo

Sensorama era il nome di un marchingegno ideato nel 1957 per il cinema dell'esperienza, quel cinema che oggi distinguiamo con un numero, per determinarne la quantità di dimensioni, e la D di dimensione davanti. La parte interessante del cinema dell'esperienza, che oggi possiamo trovare in tante fiere per intrattenere grandi e piccoli, è la volontà di rendere quella attività immersiva, esattamente come desidera fare la realtà virtuale. Chiaramente nel cinema, pur coinvolgendo lo spettatore emotivamente, e nel caso del cinema dell'esperienza, fisicamente, non avviene lo scambio d'interazione che è invece necessario affinché si possa definire realtà virtuale. Black Mirror, una serie Netflix, ha tentato di introdurre l'interazione in uno degli episodi, facendo scegliere all'utente, tra due opzioni, il percorso da far prendere ai personaggi.

In realtà non è niente d'innovativo. È un sistema adottato dalle visual novel, dei videogiochi non lineari che, utilizzando una struttura ramificata, offrono finali diversi, attraverso punti ben specifici di scelta. Ciò che distingue la realtà virtuale da ciò che invece viene chiamata comunemente realtà virtuale, per definire diversi sistemi, è il dove viene individuato il suo significato. Realtà virtuale si può definire infatti laddove il mezzo cessa momentaneamente di esistere, per dare spazio all'esperienza e all'interazione. Degli esempi concreti sono le simulazioni di volo, nate principalmente per allenare i futuri piloti, successivamente diventate attrazioni per un pubblico appassionato e curioso. Quello che distingue questo genere di simulazione con la realtà virtuale, per come s'intende in questo testo, è lo scopo funzionale. I simulatori di volo, di base, riproducono perfettamente una cabina di pilotaggio con manopole, pulsanti etc... perché nasce con lo scopo di trasportare le conoscenze acquisite in quella simulazione, nella realtà. La realtà virtuale invece non nasce con lo scopo di insegnare, bensì di far provare all'utente un'esperienza difficilmente provabile nella realtà, ed invogliandolo alla permanenza negli spazi virtuali. Ha una dimensionalità diversa e non pretende la simulazione. Sostanzialmente è lo scopo principale a distinguere simulazione e realtà virtuale. La simulazione cerca in tutti i modi di rimanere coerente con la realtà. La realtà virtuale spezza questa coerenza e offre un'altra tipo di visione all'utente. Mi ripeto in questo concetto perché si parla sempre più spesso di realtà virtuale applicata alle scienze, all'industria o al commercio. Si parla infatti di impiego delle tecnologie, proprio perché quella che viene chiamata realtà virtuale in tanti campi, diventa un semplice strumento per usufruire al meglio non della stessa realtà virtuale, bensì della realtà. La realtà virtuale è mezzo e non più esperienza a sé. Ciò non significa che l'impiego come mezzo tolga valore qualitativo, semplicemente cambia quella che è la sua destinazione d'uso, e più che realtà virtuale, si dovrebbe chiamare realtà digitale, per lo stesso motivo per cui distinguiamo l'identità digitale come una trascrizione di dati che ci rappresentano, dall'identità virtuale come una nuova forma di identità. Un altro esempio possono essere attività estreme come il paracadutismo o l'arrampicata. Esistono in realtà, e tutto ciò che si trova online per offrire quel genere di esperienze, non sono altro che film girati da altre persone con una camera sulla testa, per simulare quell'esperienza. È chiaro che non mi sto buttando realmente da un aereo in volo e proprio per questo, cosa può fare la realtà virtuale per farmelo credere? Le montagne russe sono un altro contenuto gettonato tra gli utilizzatori di visori HMD. A parecchi provocano nausea e questo determina il loro giudizio sulla funzionalità di questa tecnologia. Siccome mi provocano nausea allora è come se fossi lì. Perchè? Perché ai deboli di stomaco le montagne russe (vere) provocano realmente cinetosi.

Così si ricade sulla simulazione. Quell'esperienza virtuale (digitale) non mi offre niente di più, casomai offre molto meno, rispetto a viverla nella realtà. Allora come posso distinguere la simulazione o realtà digitale dalla realtà virtuale?

Prendiamo come esempio il progetto citato qualche capitolo fa di Vanessa Vozzo, Apnea. Per chi lo vede è a tutti gli effetti un film. Ma qual è il dettaglio che cambia la sua identità? L'essere là sotto. Quando guardiamo un film, nessuno ci consegna la spada e ci dice "ammazza il cattivo". Lo guardiamo e basta. Sicuramente ci emozioniamo, ma non siamo là dentro, nessuno si rivolge a noi, perché il cinema è puro voyeurismo, mettendoci al sicuro dietro allo schermo. In Apnea interagiamo in quell'ambiente e siamo là dentro dal punto di vista sociale oltre che virtuale. Probabilmente se lo facessi nella realtà, sarei più preoccupata del mio stato fisico; risultando immersa sott'acqua con delle bombole, penserei più a quanto ossigeno mi rimane, a quanto sto andando in profondità piuttosto che valutare il senso di quell'immersione. È lo stesso motivo per cui gli sport estremi non funzionano in VR, perché per essere tali e veri, hanno la necessità di far sentire all'utente il senso del pericolo. In Apnea non è per niente utile invece avere paura, per questo quell'esperienza, isolata dai problemi della fisicità, si erge come pura e irriproducibile nella realtà. Perciò se voglio andare sulle montagne russe e provare qualcosa, devo avere paura di morire e non di vomitare. Andando avanti, un esempio eccellente di realtà virtuale come mezzo, è RobSurgical, un robot che permette di eseguire operazioni chirurgiche a distanza. Attraverso una postazione con tasti, pedali e vista tridimensionale, il chirurgo si presta ad operare un paziente a chilometri di distanza. Come? Attraverso la digitalizzazione dei suoi movimenti che vengono trasformati nei movimenti del robot che ha invece bisturi e altri attrezzi "in mano". La visione tridimensionale permette al chirurgo maggior precisione nei movimenti, dando l'idea di avere il paziente sotto gli occhi.

La costante del processo che rende la realtà virtuale un mezzo, si compone di tre passaggi: realtà, digitalizzazione, realtà. Nel primo passaggio di realtà si pone un problema che viene risolto con la digitalizzazione di un processo, documento, etc... e si risolve nel secondo passaggio della realtà, dove si possono godere i risultati della digitalizzazione. La realtà virtuale, rispetto a quella che si distingue per realtà digitale, non nasce come mezzo di risoluzione della realtà. Sicuramente incarna tante delle problematiche umane, ma non funge da realtà di passaggio. Se creo un avatar non lo faccio per parlare con qualcuno nella realtà, ma per identificarmi nella realtà virtuale. La realtà virtuale dunque rimane sempre un mezzo ma a differenza della realtà digitale, rimane anche un punto d'approdo.

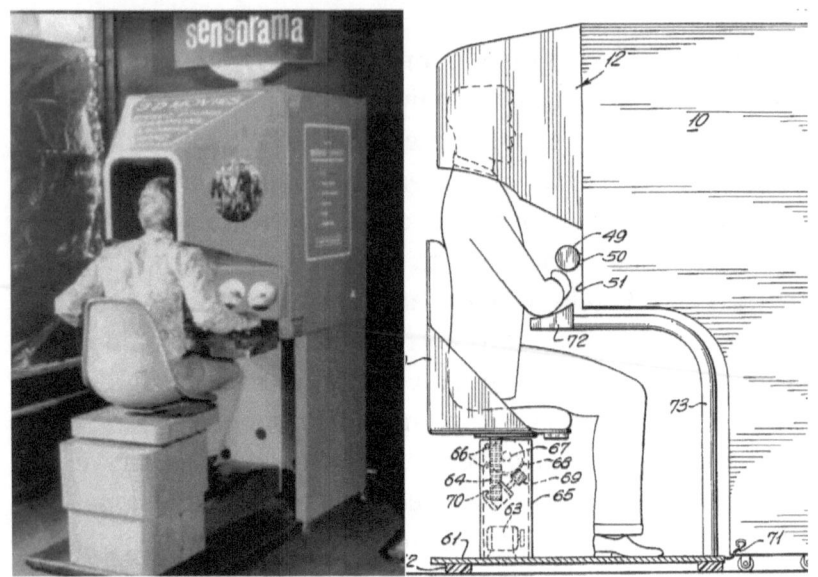

Sensorama (1957) foto e disegno della struttura

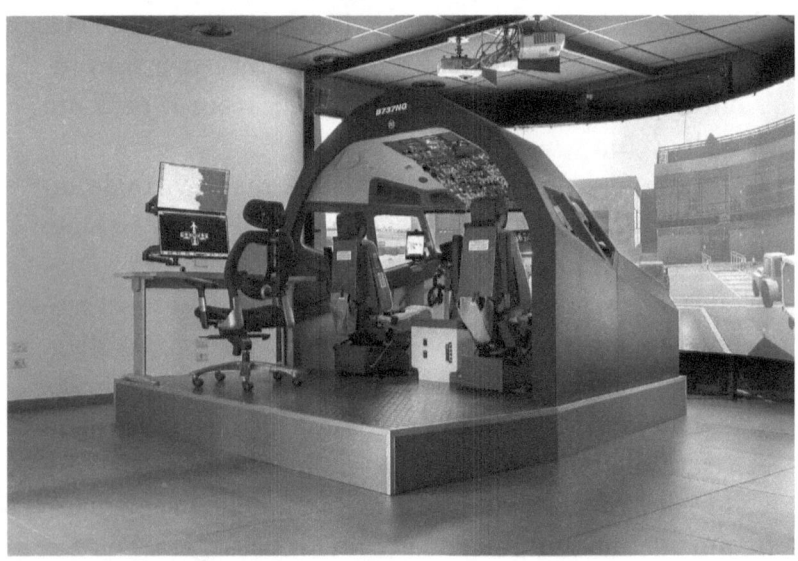

Simulatore di volo

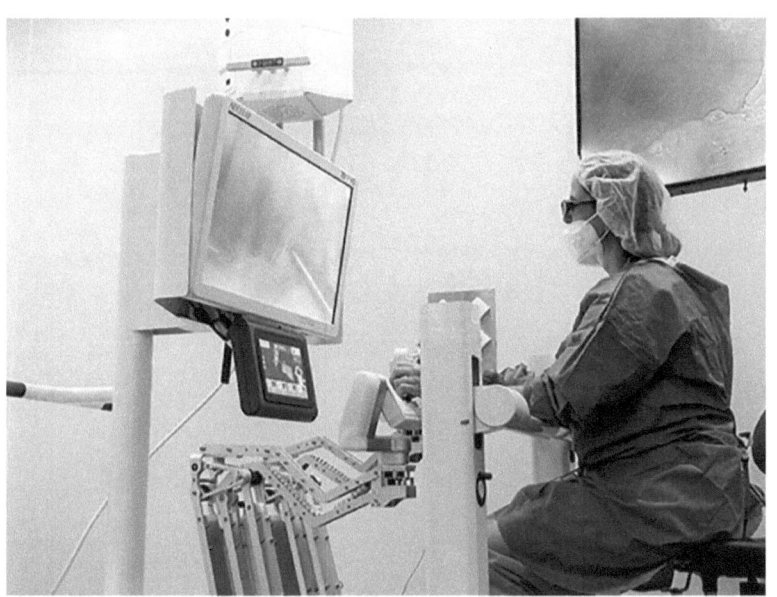

RobSurgical, chirurgia a distanza

Conclusioni

Si può dedurre da questo testo come l'esperienza della realtà virtuale non si fossilizzi nel mero utilizzo di tecnologie avanzate, utili solo a saziare il desiderio di essere intrattenuti. Né è da considerare l'intrattenimento che offre, come un'esca per consumatori. Lucrare sulla realtà virtuale è inevitabile in un sistema economico consumista come il nostro, ciò però non deve escludere altri utilizzi come nell'arte, nella ricerca e per la cultura in generale. Laddove viene propinata la realtà virtuale come l'ennesima fonte di guadagno per milionari è avvilente per chi invece la propone come una realtà diversa e alternativa a quella comune, come una forma di spostamento. Questo per evidenziare che tutti i pregiudizi su di essa sono generati dal nostro sistema economico e non da essa stessa. A breve diventerà normale usufruirne giornalmente e probabilmente sarà talmente integrata alla nostra realtà da non renderci più conto del suo utilizzo.

Che questo sia un bene o un male non spetta a me dirlo. Quello che possiamo constatare è quanto sia e possa ancora essere una risorsa per creare e vivere situazioni difficilmente fruibili senza di essa. Anche i vari comandanti che si sono susseguiti nei film e le serie di *Star Trek* ne facevano un uso particolare con quella realtà virtuale e digitale del ponte ologrammi. Si sono svolti interi episodi che hanno giocato a riflettere sulle potenzialità di un mondo virtuale, su come quella che viene comunemente chiamata simulazione, smetta ad un certo tratto di esserlo.

L'abbiamo visto in Her, in The Peripheral. Nelle installazioni immersive e nel video mapping. Tutto ciò che vuole essere reale lo è, ce lo ha insegnato Alan Watts. È perciò ancora necessario parlare di realtà virtuale come una realtà lontana e distaccata? Siamo ancora sicuri di paragonarla a qualcosa di fittizio e poco credibile?

Tutti gli artisti che abbiamo citato in precedenza hanno giocato con qualcosa che esiste soltanto accedendo alle nuove tecnologie? O è forse un universo in espansione?

Alla fine, la storia di tutti gli universi è sempre la stessa: nel momento in cui qualcuno li contempla, ne può immaginare o definire le modalità di creazione, ma ciò che rimane sempre ignoto è il loro sviluppo futuro e, in una visione prettamente antropocentrica, quanto questo inciderà sulla vita. Perciò con realtà virtuale si vuole intendere non un mezzo o un qualcosa che si esaurisce in qualcos'altro, bensì un universo con una sua autonomia identitaria e fisica. Come l'universo che conosciamo, ha diversi modi per manifestarsi, e lo fa attraverso quel tipo di esperienze che sono state descritte in questo testo. Ma se è analogo all'universo che comunemente conosciamo, si può definire la realtà virtuale come un universo in espansione? Assolutamente sì. Anche se si parla ancora di un mercato poco frequentato, le grosse aziende, soprattutto di videogiochi, stanno investendo milioni in questo nuovo universo, perché prevedono che a breve, molte esperienze tra cui anche quelle ludiche, si trasferiranno su metaversi o comunque diverranno VR. Come Second Life - già di per sè realtà virtuale - si migliora con Sansar, rendendo l'esperienza di gioco ancora più immersiva. In alcuni casi avviene un upgrade, in altri un vero e proprio investimento da zero. Per quanto poi il mercato si riveli sempre dozzinale per qualità di contenuti, il suo scopo in questo caso è di far conoscere la VR a quante più persone possibili, in modo da poter far aumentare i contenuti e di conseguenza l'espansione di questo universo e delle possibilità che può offrire. Dunque, in conclusione, abbiamo esplorato diverse sfaccettature della realtà virtuale, partendo dalla sua etimologia, sino a comprenderne la sua estensione, il suo utilizzo e le forme d'arte che ospita. Ne abbiamo compreso una parte filosofica e ci siamo posti ugualmente tante altre domande che sicuramente, nei prossimi anni, troveranno risposta e renderanno la realtà virtuale sempre più comprensibile e accessibile a tutti.

Bibliografia

L'arte dell'uomo primordiale
Emilio Villa
a cura di Aldo Tagliaferri
Abascondita
2021

Alla Soglia dell'Immagine, da Narciso alla realtà virtuale
Andrea Pinotti
Piccola Biblioteca Einaudi
2021

L'opera d'arte nell'epoca della sua riproducibilità tecnica
Walter Benjamin
A cura di Francesco Valagussa
Einaudi
2014

La Repubblica
Platone
A cura di Francesco Adorno
UTET
2015

L'invenzione di Morel
Adolfo Bioy Casares
Traduzione di Francesca Lazzarato
SUR
2017

NFT: La guida per conoscere e comprendere i non fungible token. Come investire e creare arte digitale su blockchain - Con strategie pratiche per guadagnare dal tuo progetto NFT
DeFi Consultings
2022

La saggezza del dubbio, Messaggio per l'età dell'angoscia
Alan W.Watts
Astrolabio Ubaldini
1981

Sitografia

www.annamonteverdi.it/digital/tag/box-bot-dolly

0100101110101101.org

emiliovavarella.com/theitalianjob2-ita

www.google.it/books/edition/Gazira_Babeli/ONE9Xb5EiCIC?hl=it&-gbpv=1&dq=isbn:9788890330834&printsec=frontcover

marcocadioli.com

www.vanessav.net

www.artribune.com/progettazione/new-media/2017/08/apre-sansar-il-nuovo-second-life-in-realta-virtuale

www.darsmagazine.it/una-vita-alla-volta-per-favore-note-sullarte-e-sulle-seconde-vite

magazine.artland.com/the-mysterious-case-of-darko-maver-or-the-many-deaths-of-the-most-elusive-of-artists

www.robsurgical.com

www.gazirababeli.com/TEXTS.php

boredapeyachtclub.com/#

www.cpnas.org/exhibitions/current-exhibitions/blue-dreams.html

t.wikipedia.org/wiki/Head-mounted_display

jecomm.it/arte-realta-virtuale

www.casadegliartisti.net/progetti-old/12-atelier

embarrassment.party/index.html

www.sansar.com/greenwall

www.cpnas.org/exhibitions/blue_dreams_catalog.pdf

www.cpnas.org/exhibitions/current-exhibitions/blue-dreams.html?fbclid=IwAR2w_ceq1_ne9oigDf7ya75PeiJ1c_rQLjibXTezwucsvRLk-qLsK3m3A82U

www.vanessav.net/projects/photosynthetic-me/#:~:text=Photosynthetic%20Me%20is%20a%20bioart,topic%20of%20becoming%20plant%2Dlike.

www.biopills.net/elysia-chlorotica

www.encyclopedie-environnement.org/en/zoom/elysia-chlorotica-the-slug-who-thinks-shes-a-leaf

pubmed.ncbi.nlm.nih.gov/20568728

www.vanessav.net/body/wp-content/uploads/2020/10/Elysia-e-processo-di-trasformazione.pdf

Filmografia

Her (2013)
film
regia di Spike Jonze

The Peripheral (2022)
serie tv
regia di Scott B. Smith

The Truman Show (1998)
film
Peter Weir

Matrix (1999)
film
Andy e Larry Wachowski

Star Trek (1966, -)
serie e film
Gene Roddenberry